全国高等院校管理类专业改革创新示范规划教材

礼行天下——礼仪修养规划系列精品教材

实用商务礼仪教程

主　编　叶　溪　籍广艳　任涵子
主　审　张瑞夫

中国商业出版社

图书在版编目(CIP)数据

实用商务礼仪教程/叶溪,籍广艳,任涵子主编.——北京:中国商业出版社,2019.6 (2023.8重印)

ISBN 978—7—5208—0816—3

Ⅰ.①实… Ⅱ.①叶… ②籍… ③任… Ⅲ.①商务—礼仪—高等学校—教材 Ⅳ.①F718

中国版本图书馆 CIP 数据核字(2019)第 127195 号

责任编辑:蔡 凯

中国商业出版社出版发行
010—63180647 www.c—cbook.com
(100053 北京广安门内报国寺1号)
新华书店经销
北京军迪印刷有限责任公司印刷

*

787 毫米×1092 毫米 开本:16 开 11 印张 200 千字
2019 年 8 月第 1 版 2023 年 8 月第 2 次印刷
定价:58.00 元

* * * *

(如有印装质量问题可更换)

前　言

商务礼仪是在商务活动中体现互相尊重的行为准则，是商务活动中对人的仪容仪表和言谈举止的普遍要求。现代社会所需求的人才，不仅要具备扎实的专业知识、娴熟的专业技能，而且要具备良好的综合素质和能力。商务礼仪修养已经成为现代企业发展的竞争砝码，也越来越受到人们的普遍重视。

在实际工作中，通过对用人单位开展高职高专毕业生职业能力及素质要求的调查与分析，我们发现几乎所有的用人单位对于前来应聘的高职高专毕业生是否具备良好的人际交往与沟通能力、个人言行与形象的管理能力等方面都提出了较高的要求。

面对不同专业、不同学习基础与不同学习习惯的高职生，在教学内容的安排上采用"项目驱动法"更为合适。于是，我们本着知识适用、实用、够用的原则，对课程内容进行了筛选和设计，最终确定五大项目——认识商务礼仪、个人形象设计、人际交往礼仪、仪式会务礼仪和涉外商务礼仪。每个项目又会细分为若干个任务。

整本书的编写围绕商务礼仪的工作过程，强调"做中学、做中教"，每个任务编写以情境导入（提出需要解决的问题，并对该问题进行分析讨论）→知识加油站（给出解决该问题所需的理论知识）→练兵场（尝试解决该问题）为主线，着重培养学生分析问题以及解决问题的能力。

本书由叶溪、籍广艳、任涵子任主编，张瑞夫任主审，并有孟巧红、李琰芬、游杰、周晓瑜等多位老师参与编写。

由于作者水平有限，本书难免存在一些不足，请广大读者在使用过程中能多提宝贵意见，万分感谢！

编　者

2023 年 5 月

目　录

项目一　认识商务礼仪
任务一　了解礼仪的起源　/3
任务二　理解礼仪的内涵　/8
任务三　掌握商务礼仪的原则与作用　/12

项目二　个人形象设计
任务一　掌握商务人员的仪容仪表礼仪　/23
任务二　掌握商务人员的仪态礼仪　/40

项目三　人际交往礼仪
任务一　掌握沟通礼仪　/61
任务二　掌握商务拜访与接待礼仪　/72
任务三　掌握商务宴请礼仪　/93

项目四　仪式会务礼仪
任务一　掌握商务会务礼仪　/113
任务二　掌握商务仪式礼仪　/126

项目五　涉外商务礼仪　/141

参考文献　/161

项目一
认识商务礼仪

任务一　了解礼仪的起源

知识目标

了解礼仪的起源与发展概况。

能力目标

运用中国传统礼仪文化精髓指导自身的礼仪修养，继承和发扬中国传统礼仪文化。

【情境导入】

张畅是一名刚入职迎宾岗位的员工。第一次迎接合作企业人员时，事先做了一番迎宾功课，他踌躇满志。当迎接客人的车停稳后，张畅看到后排坐着两位男士、前排的副驾驶座上坐着一位身材较高的外国女宾。张畅上前一步，以优雅姿态和职业性动作，先为后排客人打开车门，做好护顶、关好车门后，张畅迅速走向前门，准备以同样的礼仪迎接那位女宾下车，但那位女宾满脸不悦，张畅茫然不知所措。

通常后排座为上座，一般凡有身份者皆在此就座。优先为重要客人提供服务是迎宾的常规。外国女宾为什么不悦？张畅错在哪里？

训练项目记录单

日期：_____　　班级：_____　　组别：_____

训练项目完成情况：

1. 根据情境，思考问题：

①张畅在迎接合作企业人员时，外国女宾为什么会"满脸不悦"？

我们的答案：

②张畅明明事先作了一番迎宾功课，为什么会有"茫然不知所措"的感觉？

我们的答案：

2. 实操任务：

设计并演示"张畅"的迎宾礼仪。

自我评价：

小组小结：

【知识加油站】

中国作为人类文明的发源地之一，自古以来崇尚礼仪，享有"礼仪之邦"的美誉。

荀子曾有"人无礼则不生，事无礼则不成，国无礼则不宁"的言论，可见礼仪对齐家、修身、治国的重要作用。

一、礼的起源

对于礼仪的起源，研究者们持不同的观点，可大致归纳为以下两种：

一种观点认为，礼是人类为了协调主客观矛盾的需要而产生的。

《礼记·曲礼》云："夫礼者，所以定亲疏，决嫌疑，别同异，明是非也。"又云："君臣上下，父子兄弟，非礼不定。"人类为了生存和发展，必须与大自然抗争，不得不以群居的形式相互依存，人类的群居性使得人与人之间相互依赖又相互制约。在群体生活中，男女有别、老少有异，既是一种天然的人伦秩序，又是一种需要被所有成员共同认定、保证和维护的社会秩序。人类面临着的内部关系必须妥善处理，因此，人们逐步积累和自然约定出一系列"人伦秩序"来"止欲制乱",这就是最初的礼。

另一种观点认为,礼产生于原始宗教的祭祀活动。

我们从礼的繁体字可以看出(见图 1-1-1),礼仪与古代祭祀有密切关联。原始宗教的祭祀活动都是最早也是最简单的以祭天、敬神为主要内容的"礼"。这些祭祀活动在历史发展中逐步完善了相应的规范和制度,正式形成为祭祀礼仪。随着人类对自然与社会各种关系认识的逐步深入,人们将事神致福活动中的一系列行为,从内容和形式扩展到了各种人际交往活动,从最初的祭祀之礼扩展到社会各个领域的各种各样的礼仪。

图 1-1-1　礼的繁体字

二、中国礼仪的发展

中国古代礼仪形成于"三皇五帝"时代,到尧舜时,已经有了成文的礼仪制度。随后,礼仪在其传承沿袭的过程中不断发生变革。从历史发展的角度来看,其演变过程可以分五个阶段。

(一) 雏形期:夏朝以前 (公元前 21 世纪前)

礼仪起源于原始社会,在原始社会中、晚期(约旧石器时代)出现早期礼仪的萌芽。整个原始社会是礼仪的萌芽时期,礼仪较为简单和虔诚,还不具有阶级性。内容包括:制定了明确血缘关系的婚嫁礼仪;区别部族内部尊卑等级的礼制;为祭天敬神而确定的一些祭典仪式;制定了一些在人们的相互交往中表示礼节和表示恭敬的动作。

(二) 形成时期:夏、商、西周三代 (公元前 21 世纪~前 771 年)

人类进入奴隶社会,统治阶级为了巩固自己的统治地位把原始的宗教礼仪发展成符合奴隶社会政治需要的礼制,礼被打上了阶级的烙印。在这个阶段,中国第一次形成了比较完整的国家礼仪与制度。如"五礼"就是一整套涉及社会生活各方面的礼仪规范和行为标准。古代的礼制典籍亦多撰修于这一时期,如周代的《周礼》《仪礼》《礼记》就是我国最早的礼仪学专著。在汉以后 2000 多年的历史中,它们一直是国家制定礼仪制度的经典著作,被称为礼经。

(三)变革时期:春秋战国时期(公元前771~前221年)

这一时期,学术界形成了百家争鸣的局面,以孔子、孟子、荀子为代表的诸子百家对礼教给予了研究和发展,对礼仪的起源、本质和功能进行了系统阐述,第一次在理论上全面而深刻地论述了社会等级秩序划分及其意义。

孔子对礼仪非常重视,把"礼"看成是治国、安邦、平定天下的基础。他认为:"不学礼,无以立""质胜文则野,文胜质则史。文质彬彬,然后君子"。他要求人们用礼的规范来约束自己的行为,要做到"非礼勿视,非礼勿听,非礼勿言,非礼勿动"。倡导"仁者爱人",强调人与人之间要有同情心,要相互关心、彼此尊重。

图1-1-2 孔子铜像

孟子把"礼"解释为对尊长和宾客严肃而有礼貌,即"恭敬之心,礼也",并把"礼"看作是人的善性的发端之一。

荀子把"礼"作为人生哲学思想的核心,把"礼"看作是做人的根本目的和最高理想,"礼者,人道之极也"。他认为"礼"既是目标、理想,又是行为过程。"人无礼则不生,事无礼则不成,国无礼则不宁。"

管仲把"礼"看作是人生的指导思想和维持国家的第一支柱,认为礼关系到国家的生死存亡。

(四)强化时期:秦汉到清末(公元前221~公元1911年)

长达2000多年的封建社会里,不同朝代的礼仪文化具有不同的社会政治、经济、文化特征，但都是为统治阶级所利用，礼仪是维护封建社会等级秩序的工具。这一时期礼仪的重要特点是尊君抑臣、尊夫抑妇、尊父抑子、尊神抑人。这一时期的礼仪逐渐成为妨碍人类个性自由发展、阻挠人类平等交往、窒息思想自由的精神枷锁。

（五）现代礼仪的发展

辛亥革命以后，受西方资产阶级"自由、平等、民主、博爱"等思想的影响，中国的传统礼仪规范、制度受到强烈冲击。五四新文化运动对腐朽、落后的礼教进行了清算，同时接受了一些国际上通用的礼仪形式。新的礼仪标准、价值观念得到推广和传播。新中国成立后，逐渐确立以平等相处、友好往来、相互帮助、团结友爱为主要原则的具有中国特色的新型社会关系和人际关系。改革开放以来，随着中国与世界的交往日趋频繁，西方一些先进的礼仪、礼节陆续传入我国，同我国的传统礼仪一道融入社会生活的各个方面，构成了社会主义礼仪的基本框架。许多礼仪从内容到形式都在不断变革，现代礼仪进入了全新的发展时期。

任务二　理解礼仪的内涵

知识目标

理解礼仪的基本概念。

能力目标

运用中国传统礼仪文化精髓指导自身的礼仪修养，继承和发扬中国传统礼仪文化。

【情境导入】

王爽大学期间是名学生干部，善于交际。毕业后和很多同学、朋友保持联系，电话繁忙。她经常在工作期间接一些私人电话，常常旁若无人地与同学、朋友说起来没完没了。有一天，正谈笑风生的她突然觉察到周围同事们都用带有责备的目光看她，顿时心生不满，当下约好三五个同学晚上吃饭诉苦，却被同学痛批不尊重人、不体贴人，不了解礼仪的本质。

为什么说王爽不尊重人、不体贴人呢？"礼仪"的本质又是什么呢？

训练项目记录单		
日期：_____	班级：_____	组别：_____

训练项目完成情况：

1. 根据情境，思考问题：

①王爽在办公室的举止有何不妥？为什么会引起同事的不满？

我们的答案：

②你认为礼仪的本质是什么？

我们的答案：

2. 练习在超市、餐厅等场合应遵守的礼仪规范，学会适应特定环境。

自我评价：

小组小结：

【知识加油站】

一、礼的含义

礼是指人们在相互交往中，为表示相互尊重、敬意、友好而约定俗成的、共同遵循的行为规范和交往程序。礼仪是一种社会成员相互交往时共同遵守的行为规范，是一个人被周围人员所接受，并得到尊重与好感的"通行证"。礼是人际间乃至国际交往中，相互表示尊重、亲善和友好的行为。礼也是礼貌、礼节和礼仪的统称。

礼貌：人们在交往过程中相互表示敬意和友好的行为准则和精神风貌，是一个人在待人接物时的外在表现。它通过仪表及言谈举止来表示对交往对象的尊重。它反映了时代的风尚与道德水准，体现了人们的文化层次和文明程度。

礼节：是指人们在日常生活中，特别是在交际场合中，相互表示问候、致意、祝愿、慰问以及给予必要的协助与照料的惯用形式。礼节是礼貌的具体表现，具有形式化的特点，主要指日常生活中的个体礼貌行为。

礼仪：包括"礼"和"仪"两部分。"礼"即礼貌、礼节；"仪"即"仪表""仪态""仪式""仪容",是对礼节、仪式的统称。它有广义和狭义之分。

从广义的角度看,礼仪泛指人们在社会交往中的行为规范和交际艺术。

从狭义看,礼仪通常是指在较大或隆重的正式场合,为表示敬意、尊重、重视等所举行的合乎社交规范和道德规范的仪式。

二、礼仪的本质

礼仪是人类社会为维系社会正常生活而共同遵循的最简单、最起码的道德行为规范。它属于道德体系中社会公德的内容,是人们在长期共同生活和相互交往中逐渐形成的,并以风俗、习惯和传统等形式固定下来。礼貌的本质是尊重人、体贴人。

对个人来讲,礼仪是一个人思想水平、文化修养、交际能力的外在表现;对社会来讲,礼仪是精神文明建设的重要组成部分,是社会的文明程度、道德风尚和生活习俗的反映。

三、礼仪的特点

(一) 民族性

每个民族都有自己的文化特色和习俗。礼仪作为民族文化的重要组成部分,是一个民族精神的象征,是衡量一个人人格品质的主要标准。例如,龙是中华民族的象征,全世界的炎黄子孙都认为自己是龙的传人,龙的灵魂风格渗透在每一个人的心灵深处,不论其身在何处,每年的春节、元宵节、清明节、端午节、中秋节、重阳节都是中华民族子孙热衷的节日,体现着中华民族的血脉精神。

(二) 共同性

礼仪是在人类共同生存、生活、相处、交往的基础上产生和形成的,是同一社会中全体社会成员调节相互之间关系的一种行为规范和共同遵循的准则。具有明显的共同性,特别是现代社会中,国际间、人际间的交往越来越频繁,礼仪的共同性体现得就更明显。例如,在欢迎外国国家元首正式访问的仪式上放21响礼炮,对政府首脑放19响礼炮,既不能多,也不能少,更不能混淆,否则就会引起国际纠纷;升国旗、奏国歌时全体起立,尊师爱友,见面打招呼、握手、鼓掌等都是人们共同遵守的礼仪。

(三) 继承性

礼仪规范将人们交往中的习惯以准则的形式固定并沿袭下来,这就形成了继承性的特点。它是人类维护正常生活秩序的经验结晶,是社会进步、人类精神文明的标志。但礼仪规范并不是一成不变的,它随着人类社会的发展而不断丰富和发展。例如,握手这一动作,据说在远古就有了。人类祖先相遇时,如果双方都怀着善意,便伸出一只手来,手心朝前，向对方表示自己手中没有石头或其他武器。走近之后，两人互相摸摸右手，以表示友好。这一动作沿袭下来，便成为握手礼了，可见礼仪是具有共同性和继承性的。

（四）统一性

礼仪必须有它内在的思想品德、文化艺术修养作基础。只有两者有机地统一结合，才能对礼仪规范从必须遵守变为习惯遵守，从而养成良好的礼仪习惯，为此，我们应该加强内心世界的塑造。汉代刘邦战胜项羽做了皇帝之后，朝堂秩序很乱，常有功臣在朝廷上醉酒狂呼、拔剑相击，刘邦烦恼不已。于是叔孙通建议指定朝议。叔通孙约集了几十个学者制定了很严格的上朝的礼仪规范，试行那天，史载"自诸侯王以下莫不振恐肃敬"，"无敢喧哗失礼者"。君臣的关系在这种礼仪规范中被固定下来。刘邦那天虽然也得规行矩步，内心却很高兴："吾乃今日知为皇帝之贵也。"皇帝和大臣们都是在执行礼仪规范的过程中提高了思想认识。

（五）差异性

"百里不同风，千里不同俗"，礼仪规范往往因时间、空间或对象的不同而有所不同。遵守礼仪是全世界人民的共同愿望，但不同国度、民族对礼仪的表现形式方面是存在差异的。例如，同样是表示尊重、欢迎，除了语言表示外，我国通行的是握手，而日本则是鞠躬，欧洲则流行拥抱。明白礼仪有差异性，就要在具体情况下，入乡随俗。

（六）阶级影响性

礼仪规范虽然不具有鲜明的阶级性，但它毕竟是适应了一定时代的需要而被保留下来的，因此，它带有产生它的那个时代的特点，受一定的阶级利益的影响和制约。例如，"忠君孝父"和"三从四德"是封建社会基本的礼仪道德规范。中世纪基督教的经典《圣经》，要求人们对上帝无条件地热爱、信仰和服从。劝诫人们不但要爱自己的父母、兄弟、朋友、同事，而且要爱自己的仇敌。时代在发展，礼仪文化也在发展变化，随着时代的不断进步，人类的礼仪规范必将更为文明、优雅、实用。

任务三　掌握商务礼仪的原则与作用

知识目标

掌握商务礼仪的原则和作用。

能力目标

运用现代礼仪知识指导自身的社会行为和商务活动。

【情境导入】

　　德国的一位医药器材生产商来到我国某制药厂商谈"输液管"生产线的合作事宜。张畅陪同厂长接待。双方洽谈后合作意向明确。在签约协议前,外商提出要参观一下制药车间。当他们就要进入厂房门口时,张畅突然感觉喉咙发痒,于是仰面咳了几声,然后吐了一口痰在车间门口。外商看后一言不发,掉头就走,只给厂长留了一封信:"我十分钦佩您的才智和精明,但您的员工的一口痰让我彻夜难眠。这反映了一个工厂的管理能力与素质。我们合作的产品是用来治病救人的,请原谅我的不辞而别。"

训练项目记录单

日期：_____　　班级：_____　　组别：_____

训练项目完成情况：

1. 根据情境，思考问题：

① 为什么外商不与中国工厂合作？仅仅是因为吐痰的事情吗？

我们的答案：

② 礼仪只是形式上的东西吗？商务人士在与人交往中应注意哪些礼仪原则？

我们的答案：

2. 练习在超市、餐厅等场合应遵守的礼仪规范，学会适应特定环境。

自我评价：

小组小结：

【知识加油站】

商务礼仪是指公司、企业及其他一切从事商务活动的人士，在商务往来中应当遵守的行为规范，是商务活动中体现的相互尊重的行为准则。

一、商务礼仪的基本原则

人们的各种交际活动都有着一些普遍性、共同性、指导性的规律可循，这就是商务礼仪的原则。

（一）"尊敬"原则

孔子曰："礼者，敬人也。"尊敬是礼仪的情感基础。在我们的社会中，人与人是平等的，尊重长辈、关心客户，这不但不是自我卑下的行为，反而是一种至高无上的礼仪。"敬人者人恒敬之，爱人者人恒爱之"，"人敬我一尺，我敬人一丈"。"礼"的良性循环就是借助这样的机制而得以生生不息。当然，礼貌待人也是一种自重，不应以伪善取悦于人，更不可以富贵骄人。尊敬人还要做到入乡随俗，尊重他人的喜好与禁忌。总之，对人尊敬和友善，这是处理人际关系的一项重要原则。

（二）"真诚"原则

商务人员的礼仪主要是为了树立良好的个人和组织形象。从事商务活动，恪守真诚原则，着眼于将来，通过长期潜移默化的影响，才能获得最终的利益。也就是说商务人员与企业要爱惜其形象与声誉，不应仅追求礼仪外在形式的完美，更应将其视为商务人员情感的真诚流露与表现。

（三）"谦和"原则

"谦"就是谦虚，"和"就是和善、随和。《荀子·劝学》中曾说道："礼恭而后可与言道之方，辞顺而后可与言道之理，色从而后可与言道之致"，即是说只有举止、言谈、态度都谦恭有礼时，才能从别人那里得到教诲。谦和，在社交场上即表现为平易近人、热情大方、善于与人相处、乐于听取他人的意见，显示出虚怀若谷的胸襟，有着较强的调整人际关系的能力。

当然，谦和并不是无原则的妥协和退让，更不是妄自菲薄。过分的谦虚其实是社交的障碍，尤其是在和西方人的商务交往中，不自信的表现会让对方怀疑你的能力。

（四）"宽容"原则

宽容，就是心胸坦荡、豁达大度，能设身处地地为他人着想，谅解他人的过失，不计较个人的得失，有很强的容纳意识和自控能力。中国传统文化历来重视并提倡宽容的道德原则，并把宽以待人视为一种为人处世的基本美德。从事商务活动，也要宽以待人，在人际纷争问题上保持豁达的品格或态度，才能正确对待和处理好各种关系与纷争，争取到更长远的利益。

（五）"适度"原则

在商务活动中，必须注重礼仪技巧，合乎礼仪规范，特别要注意恰到好处地把握分寸。在运用商务礼仪时，如果做得不到位或者过了头，非但表达不出敬人之意，还会适得其反。由于不同地域的国情、民族和文化背景不同，在商务活动交往中，要灵活地入乡随俗。总之，掌握并遵行礼仪原则，在人际交往、商务活动中，才有可能成为待人诚恳、彬彬有礼之人，并受到别人的尊敬和尊重。

二、商务礼仪的作用

商务礼仪作为人类交流感情、建立友谊和开展各种活动的桥梁和纽带，是商务人员的"敲门砖"，也是商务活动的通行证。商务礼仪在一定程度上决定着商务活动的成败。商务礼仪的作用：内强素质，外塑形象。

（一）传递信息

礼仪是一种信息，通过礼仪可以传递和表达出尊敬、友善、真诚等感情信息，使人感到温暖。在商务活动中，可将礼仪分为三种类型：言语礼仪、行为礼仪以及服饰礼仪。

（二）建立关系

在商务交往中，人们互相影响、互相作用、互相合作，如果不遵循一定的规范，双方就缺乏协作的基础。因此，规范的商务礼仪有利于建立一种合作互信的基础，规范双方的行为。在交往中明确哪些可以做，哪些不可以做，有利于确定自我形象，尊重他人，赢得友谊。

在遇到问题时，需要通过理性的分析，合理地运用商务礼仪知识，如耐心的讲解、及时的道歉、宽容的态度、坦诚的语言，以便消除误会、达成共识。因此，良好规范的商务礼仪可以更好地化解矛盾、排除纠纷，协调好各方面的关系，促成最终的合作。

（三）塑造形象

市场竞争除了产品竞争以外，还包括了企业人员综合素质和形象的竞争。塑造良好的个人形象、提升个人素质是现代礼仪的一项重要职能。所谓个人素质，就是商务人员在商务交往中待人接物的基本表现，比如在商务场合敬酒，有修养的人员通常会彬彬有礼，不会强行劝酒。又比如吸烟，在商务活动中，优秀的商务人员是不会吸烟的。

商务人员的形象，是商务人员的言谈举止在商务交往中给交往对象形成的综合化、系统化的印象，是影响交往能否融洽、能否成功的重要因素。良好的企业形象有助于企业在激烈的市场竞争中占据有利的地位，而不好的企业形象往往会导致企业的衰亡。正确运用商务礼仪，可以在公众心目中塑造出良好的企业形象，使企业在激烈的市场竞争中立于不败之地，给企业带来良好的社会效益和经济效益。

三、商务人员的礼仪修养

商务人员是商务活动的主体，在各种商务交往中会接触到不同层次的商务伙伴和客户，要处理各种商务关系，因此，要想以最佳的精神状态去承担商务工作，商务人员就必须具备较高的礼仪修养水平。礼仪修养可分为内在的性格气质和外在的礼仪表现两方面。

（一）商务人员的性格要求

良好的性格是选择和培养商务人员的重要条件之一。优秀的商务人员应该具备以下性格特点：

1. 活泼开朗

能主动与不同性格的人打交道，具有较强的社会活动能力，善于交往，给人一种以活力、热情的情绪感染力。

2. 情绪稳定

稳定的情绪能够有效地进行倾听并能给对方留下稳重、牢靠、踏实的感觉，增加自己在商务交往中的可信度。

3. 精力充沛

充沛的精力总能给人一种积极向上、朝气蓬勃、健康的精神面貌。

4. 兴趣广泛

广泛的兴趣爱好和丰富的知识，有利于人际沟通和商务人脉关系的建立。为了能够熟知各种类型的交谈话题，就要多听、多看、多动、多学。"每笔大买卖都是从闲谈开始的，成功的闲谈的关键是如何同其他人联系起来，而不是仅仅聊天而已。"（［美］杰奎琳·惠特摩尔）

5. 善于交际

建立商务人脉，要学会关注别人，同时也能引起他人对自己的关注。擅长处理人际关系的人绝不会咄咄逼人、富有侵略性或者沉默寡言。善于交际的人懂得建立和开拓新的人际关系和获得别人的信任；要得到理想的交际效果，就必须善于主动跟对方保持不间断的联系。

6. 具有幽默感

幽默体现出自信和尊重，它是商务交往的润滑剂，更表现出交往的智慧。幽默要从友善的角度出发，既达到调节气氛的目的，又体现出自己的风度和善意。幽默应避免使用有关宗教、种族、政治、两性、对方所在行业不光明的前景及其他可能让人不快的素材。

（二）商务人员的礼仪表现

对商务人员而言，良好的礼仪修养表现在以下几个方面。

1. 遵守公德，遵时守信

公德是存在于社会群体中间的道德，是生活于社会中的人们为了群体利益而约定俗成的行为规范。其内容主要包括文明礼貌、助人为乐、爱护公物、保护环境、遵纪守法等。这些内容也是商务基本礼仪。

遵时守信会提升商务人员的可信度。商务活动准时开始或出席是对别人的尊重，提前到达几分钟意味着你有时间整理自己的仪容、镇静情绪，给客户或合作伙伴留下更深刻的良好印象。

守信是建立良好人际关系的基本前提，也是商务人员所应具备的良好修养表现。言而无信、出尔反尔、有约不守、守约不严是商务礼仪中的大忌。对商务人员而言，要在以下三方面要求自己。

图1-3-1

(1) 许诺要谨慎

不论是答应商务客户或者同事、上司所提出的要求,还是自己主动提出的建议,或者是想让对方许诺,都要深思熟虑、量力而行,一切从自己的实际能力以及可能性出发。

(2) 承诺要兑现

承诺一旦作出,就必须兑现;约定一经签订,就必须如约而行。只有这样,才能赢得商务交往对象的好感和信任,从而有利于建立良好的商务往来关系。

(3) 失约要道歉或赔偿

由于难以抗拒的因素,单方面失约或有约难行,需要尽早向相关的商务各方进行通报,如实反映,郑重道歉,并主动担负按照规定和惯例应给予对方所造成的物质方面的损失赔偿。

2. 平等尊重,诚实谦虚

平等是人际交往中建立情感的基石,是保持良好人脉关系的关键。商务礼仪行为讲究相互平等和相互尊重,只有这样,才能得到对方的真诚回报。

诚实谦虚是商务交往的基础,任何对自己、对产品和服务做或高或低陈述的言语都能毁掉自己的可信度和声誉。

3. 维护形象,不卑不亢

个体的形象是其所在企业整体的有机组成部分。当人们确知某商务人员是属于某一企业的员工时,就会将个体的形象与企业的形象等量齐观,个体成了整体组织的化身。因此,对商务组织而言,商务人员的个体礼仪形象成了企业乃至国家最重要的无形资产之一。商务人员应该自觉地从仪容、仪态、服饰、待人接物等方面维持好个人和企业等整体组织的良好形象。

不卑不亢是涉外商务礼仪的一项基本原则。其主要要求是:商务人员在参与商务交往中,应意识到自己代表国家、民族、所在企业。因此,言行应当从容得体,不能表现得畏惧自卑、妄自菲薄或者狂妄自大、盛气凌人。

4. 热情有度,求同存异

商务交往中,商务人员的热情是有"度"的,所显示出的热情以不影响对方、不妨碍对方、不给对方添麻烦、不令对方不愉快、不干涉对方的隐私为原则,做到关心有"度"、距离有"度"。在商务交往中,"远则疏淡,近则不逊"。

不同地区、民族、国家的文化背景不同,礼仪也呈现出差异性。在商务交往中,商务人员首先要承认礼仪与习俗的差异性,要在此基础上尽量采用国际通行的约定俗成的礼仪。例如,在世界各地,人们往往采用不同的见面礼仪。中国的拱手礼(见图1-3-2),日本的鞠躬礼,韩国的跪拜礼,泰国的合十礼(见图1-3-3),阿拉伯的抚胸礼(见图1-3-4),欧美的吻面礼(见图1-3-5),吻手礼和拥抱礼等都属于礼仪的"个性",国际通行的见面礼采用的是握手这一"共性"礼仪,与任何一个国家的商务人士交往时都适用。

图1-3-2 拱手礼

图1-3-3 合十礼

图1-3-4 抚胸礼

图1-3-5 吻面礼

【练兵场】

下面的测试题可帮助我们了解自己的商务礼仪。请在下列情形中,选出你通常会怎么做的那一项。

1. 当我被邀参加某项商务活动时,我总会在一星期内做出答复。

   A. 是   B. 有时   C. 不是

2. 我总是在收到信息的同一天回电话。

   A. 是   B. 有时   C. 不是

3. 不论在学习、工作或是宿舍、家庭中,我从不会咒骂他人。

   A. 是   B. 有时   C. 不是

4. 当别人邮寄礼物给我,或者对我做出善意表达后,我会回复对方表示感谢。

   A. 是   B. 有时   C. 不是

5. 我在进餐时礼仪非常得当。

   A. 是   B. 有时   C. 不是

6. 我永远把自己视作团队一分子,从不会为寻求上级对我个人成绩给予奖励而单独行动。

   A. 是   B. 有时   C. 不是

7. 我会立刻处理重要事件,而在一周之内答复其余事件。

   A. 是   B. 有时   C. 不是

8. 在与不同文化习俗的人交往时,我会事先花一些时间学习他们文化中特有的礼仪,而不会因无知去冒犯对方。

   A. 是   B. 有时   C. 不是

9. 当别人工作获得成绩时,我绝不会吝啬自己对他的赞美和褒扬。

   A. 是   B. 有时   C. 不是

10. 我总是会给重要的商务伙伴送去节日祝福。

   A. 是   B. 有时   C. 不是

计分方法如下:选 A 得 3 分,选 B 得 2 分,选 C 得 1 分。把所有分数相加总分为 28~30 分,则商务礼仪为优秀;25~27 分为良好;20~24 分为一般;10~19 分为不及格。

(资料来源:胡晓涓. 商务礼仪[M]. 北京:中国建材工业出版社,2003.)

项目二 个人形象设计

任务一　掌握商务人员的仪容仪表礼仪

知识目标
1. 掌握着装的基本原则。
2. 掌握仪容修饰的基本规范。

能力目标
能对自己的商务仪容仪表进行形象设计。

一、商务人员着装设计

【情境导入】

时针指向了7点整，张畅（男）和王爽（女）开始准备上班的服饰。

情境1：张畅站在穿衣镜前，想起了昨天尴尬的经历：他陪老板参加画展开幕式。参加人员都西装革履、风度翩翩，自己的那身打扮实在有失体面，裤线没了，领带忘戴了，上衣的口袋翻着，鞋子脏兮兮的还变了形。他还记得那种被环境隔离开来的不自在。张畅还发愁今天上班该怎么着装。

情境2：王爽化好妆，打开了衣橱，看见里面花花绿绿的服装，有心爱的热裤和迷你裙，以及漂亮的吊带装，还有韩式的连衣裙、帅气的牛仔装，此外还有各种款型材质的半身裙、裤子、衬衣、外套。她该怎样来搭配，才符合商务人员的着装规范呢？

训练项目记录单

日期：_____　　班级：_____　　组别：_____

训练项目完成情况：

1. 根据情境，思考问题：

①张畅在画展上为什么会有"那种被环境隔离开来的不自在"的感觉？穿着西装时应注意哪些问题？

我们的答案：

②王爽的衣柜里有合适的服装吗？女士套装的选择应遵循哪些原则？

我们的答案：

2. 实操任务：

（1）设计并演示一款"张畅"陪同老板参加画展的服饰。

自我评价：

（2）设计并演示一款"王爽"上班穿的服饰。

自我评价：

小组小结：

【知识加油站】

一、商务着装原则

正确的着装，能使形体、容貌等形成一个和谐的整体美。在商务场合中，商务人员的服饰是否得体关系到所在企业的整体形象。

（一）整洁原则

整洁原则是商务人士着装选择的首要原则，总体来说包括以下三个方面：一是整齐，不褶不皱；二是清洁，勤换勤洗；三是完好，无破损、无补丁。初次与人交往的过程中，干净整洁的着装是让别人尽快接受自己的有利条件。

（二）个性原则

不同的人由于年龄、性格、职业、文化素养不同，自然就会有不同的气质，着装者所选服饰的造型、款式、色彩、质地既要符合自己的体型、肤色和气质，又要能通过服饰突出个性气质，隐丑显美，给人以性格感。

（三）适度原则

适度原则是指着装在展现自己个性、品位的同时，在修饰程度、修饰数量和修饰技巧上都应该拿捏分寸、自然适度，达到有意为之却不露痕迹的效果。应避免过分追逐潮流，尽量树立稳重的商务形象。

（四）"TPO"原则

1963年，日本男装协会提出了服饰"TPO"原则，即人们在选择服装、考虑其具体款式搭配时，要考虑时间（Time）、地点（PIace）、目的（Object）的协调性。

1. 时间原则

衣着要与时间相协调。时间涵盖了每一天的早间、日间、晚间三个时间段，也包括每年春夏秋冬四个季节的更迭，以及不同时期、时代。因此，职业人士在着装时必然要考虑时间层面，做到"随时更衣"。例如，男士有一套质地上乘的深色西装或中山装就可以应付很多场合，而女士的着装则要随时间而变换。白天工作时，女士应穿着正式套装，以体现其专业性；晚上出席商务宴会时，就须多加一些有光泽的佩饰。

2. 地点原则

衣着要与地点相协调。特定的环境应配以与之相适应、相协调的服饰，以获得视觉与心理上的和谐感。例如，去公司或单位拜访，穿职业套装会显得专业；外出时要顾及当地的传统和风俗习惯，如去教堂或寺庙等场所，不能穿过露或过短的服装。

3. 目的原则

衣着要与目的相协调。人们的着装往往体现着其一定的意愿。即自己对着装留给他人的印象如何，是有一定预期的。例如，与客户会谈或参加正式会议时，服饰应庄重考究；出席正式宴会时，则应穿晚礼服。

二、商务男士着装

男士最主要的商务正装是"西装"。西装，顾名思义，是西方国家普遍穿着的服装，它源于欧洲。西装在晚清时候传入我国，当时的激进青年把它当作接受新思想的象征。从此，西装打破了东西方的界限。

（一）穿西装的基本原则

1."三色原则"。一个人穿西装时，全身的颜色不能多于三种，包括上衣、下衣、衬衫、领带、袜子在内。

2. "三一定律"。着装时鞋、包和腰带要尽量保持一个颜色或一个色调，形成一个主色调，体现整体感。首选是黑色。

3. "三大禁忌"。

第一，左边袖子上的商标拆下来，尤其是在穿新西装时，即使是正宗的"乔治阿玛尼"，也不能成为商标在穿着时依旧挂在袖子上的理由。

第二，不能穿尼龙丝袜，不穿白袜子，袜子要穿深色，不要带花纹，鞋的颜色应深于袜子的颜色。

第三，短袖衬衫和夹克都属于休闲服饰，穿着时一般不打领带。不过，当短袖衬衫是制服时可以打领带，有些时候夹克衫也能配领带。

（二）领带的系法

1. 平结

平结是最常用的领带打法（见图2-1-1），也可以说是最经典的领带打法。风格简约，非常方便，领结呈斜三角形，适合窄领衬衫。

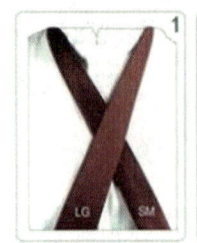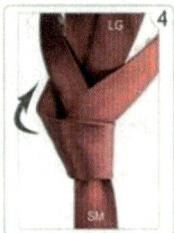

图2-1-1　领带平结打法步骤分解图

第一步，右手握住宽的一端（下面称大端），左手握住窄的一端（下面称小端）。大端在前，小端在后，交叉叠放。

第二步，将大端绕到小端之后。

第三步，继续将大端在正面从右手边翻到左手边，成环。

第四步，把大端翻到领带结之下，并从领口位置翻出。

第五步，再将大端插入先前形成的环中，系紧。

第六步，完成。

2. 半温莎结

半温莎结是一种比较浪漫的领带打法（见图2-1-2），近似正三角形的领形比平结打出的斜三角形更庄重，结形比平结稍微宽一些，适用于任何场合，在众多衬衫领形中，与标准领是最完美的搭配。

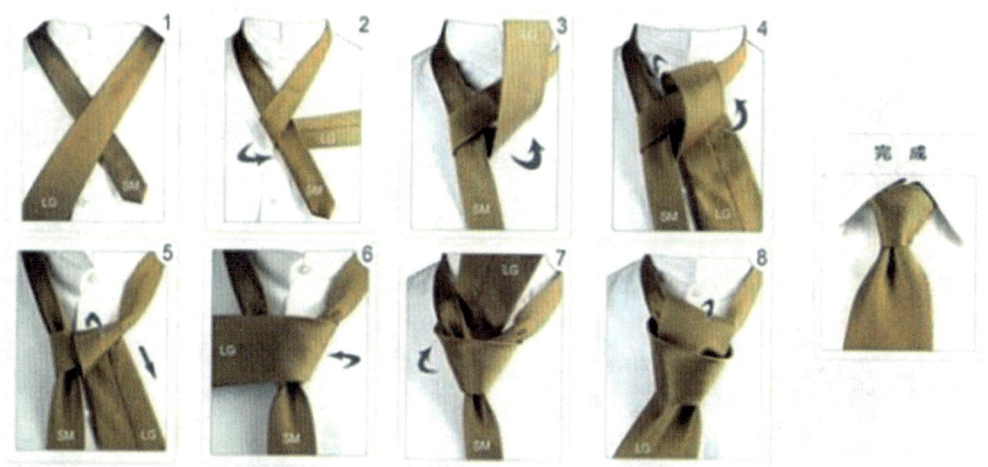

图 2-1-2　领带半温莎结打法步骤分解图

第一步，宽的一端（下面称大端）在左，窄的一端（下面称小端）在右。大端在前，小端在后，呈交叉状。

第二步，将大端向内翻折。

第三步，大端从右边翻折出来之后，向上翻折。

第四步，大端旋绕小端一圈。

第五步，拉紧。

第六步，将大端向左翻折，成环。

第七步，由内侧向领口三角形区域翻折。

第八步，打结，系紧。

第九步，完成。

3．温莎结

温莎结一般用于商务、政治等特定场合。非常漂亮，属于典型的英式风格，其步骤在几种最常用的领带打法中也算是最复杂的了（见图2-1-3）。

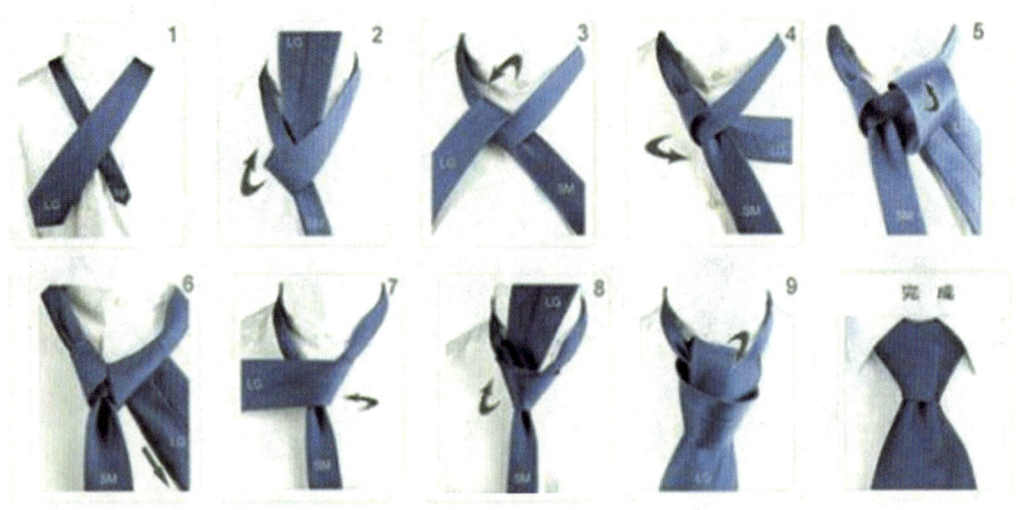

图 2-1-3　领带温莎结打法步骤分解图

第一步，宽的一端（下面称大端）在左，窄的一端（下面称小端）在右。大端在前，小端在后，呈交叉状。

第二步，大端由内侧向上翻折，从领口三角形区域抽出。

第三步，继续将大端翻向左边，即大端绕小端旋转一圈。

第四步，大端由内侧向右边翻折。

第五步，右边同左边一样，绕小端旋转一圈。

第六步，整理好骨架，拉紧。

第七步，从正面向左翻折，成环。

第八步，最后将大端从中间区域内侧翻折出来。

第九步，系紧领带结。

第十步，完成。

4. 普瑞特结

与其他基本打法比较，普瑞特结的特点是开始打结时领带的背面朝外（见图 2-1-4），这样做有一个好处，可以减少一个缠绕的步骤，领结形状似温莎结的端正，却又比温莎结体积小，十分美观。

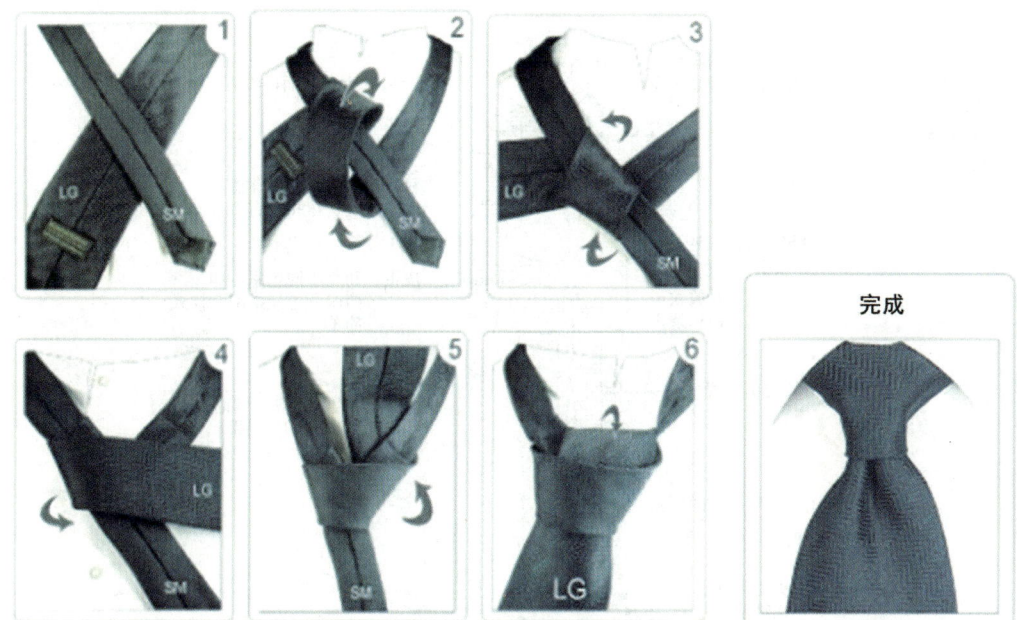

图 2-1-4 领带普瑞特结打法步骤分解图

第一步,宽的一端(下面称大端)在左,窄的一端(下面称小端)在右,大端在后,小端在前,交叉叠放。注意领带反面朝外。

第二步,如箭头所示,由外至内,将大端向两者交叉的区域翻折。

第三步,再将大端从左边拉出,也就是大端绕小端一圈,回到原位。

第四步,接着将大端向右平行翻折。

第五步,从内侧翻折到领口的三角形区域,领带结表面成环。

第六步,打结,系紧。

第七步,完成。

(三)穿西装时的扣子和衬衫问题

穿着西装,纽扣的扣法也很讲究(见图2-1-5)。穿双排扣西装,不管在什么场合,一般都要将扣子系上,否则会被认为轻浮不稳重。普通两粒扣西装,只扣第一粒。三粒扣的西装,扣中间的扣子,上下可以不扣;坐下时可以将扣子都解开。

出差时要准备三到四件衬衫,两件是白色的,还需有一件和西装同色系的衬衫,同色系的衬衫与西装配起来穿会很好看。长袖衬衫打领带而不穿外衣,仅限于室内。

衬衫和西装的搭配可以遵循"由深入浅"和"由浅入深",工作场合一般是"由深入浅"。

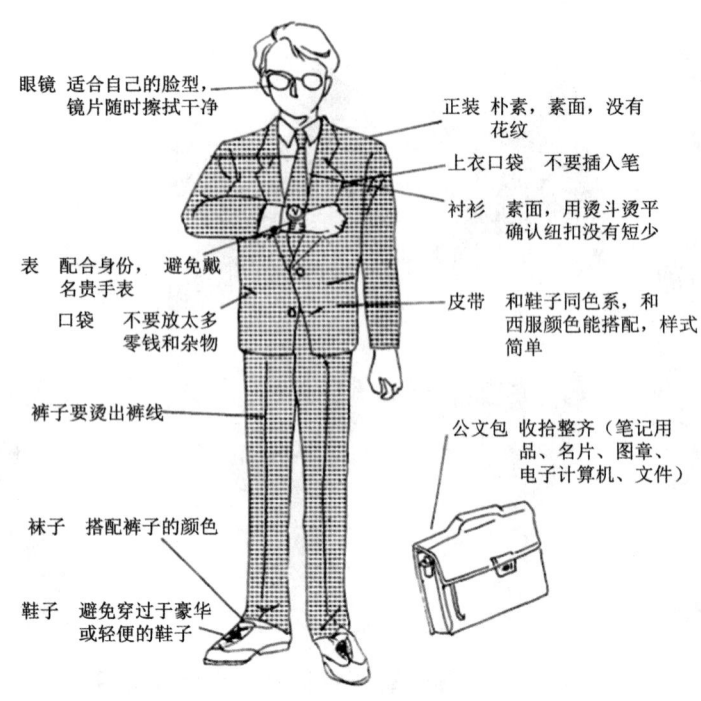

图 2-1-5 商务男士着装示范图

(四) 西装的颜色、质地

西装最佳的颜色是藏蓝色,其次是灰色,再次是黑色;质地最好是纯毛的;款式是单排扣。

三、商务女士着装

(一) 套裙的穿着

女士穿的套裙是西装套裙的简称(见图 2-1-6),上身为一件女士西装,下身是半截式的西装裙子。女士只要穿上套裙就会显得与众不同,展示女性的秀美和认真的工作态度。

1. 色彩

女士套裙的颜色可以丰富一些,而且上下衣的颜色可以不一样。但是,套裙的全部颜色至多不要超过两种。如用丝巾,应与套裙颜色搭配。

2. 尺寸

套裙中的上衣最短可以齐腰,裙子最长则可达小腿中部(裙子下摆恰好抵达着装者小腿肚上的最丰满处,乃最标准、最理想的裙长)。

3. 内衣

要确保内衣合身、身体曲线流畅,注意内衣颜色不要显现出来。国际上通常认为袜子是内衣的一部分,因此,绝不可露出袜边。

4. 穿着到位

上衣的衣扣必须全部系上,不要将上衣披在身上或者搭在身上,更不要当着别人的面随便将上衣脱下。上衣的领子要完全翻好,衣袋的盖子要拉出来盖住衣袋。裙子要穿得端端正正,上下对齐。

5. 商务活动中女士穿着套裙的三大禁忌

第一,忌穿黑色皮裙。

第二,忌裙、鞋、袜不搭配。鞋与袜子的颜色应该是相配的,一般要同属于一个色系,或者是黑色皮鞋与肉色袜子。鞋跟高度应该以 3~4 厘米为主,不露脚趾、不露脚跟,黑色为佳。袜子不应该与裙子之间有太多的"空间",即不要形成有一段腿既没有袜子遮盖,也没有裙子遮盖,这叫"三截腿"。袜子应该没有跳丝或漏洞。女士在出行时应该在包里多放一双袜子备用。

第三,忌光腿、光脚。在国际商务场合,穿着套裙时不穿袜子,往往会被人视为故意卖弄风骚、展示性感的意思。

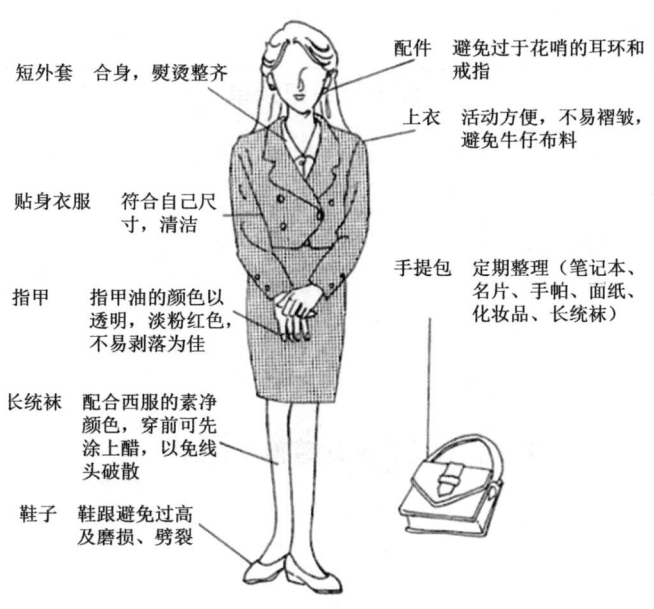

图 2-1-6 商务女士着装示范图

(二)首饰的佩戴

符合身份、善于搭配、以少为佳、同质同色。

商务人员一般不戴或戴一点首饰。一般情况下,可以戴一枚戒指、一只手镯、一条项链,最少可以为零,最多为三件。

注意首饰的佩戴要与衣服和谐搭配,最好能点缀衬托你的衣服、身材和脸型;脖子粗的人戴细项链,脖子细的人戴粗项链;身材矮小的人适合戴细小的项链,而不适合佩戴粗壮或长长的挂件,也不适合佩戴露在外面的腰饰。

当佩戴两件以上的首饰时,应该是"同质同色"。这是基本的标准。

身材再好的人也不能从头到脚全副装饰,过于累赘,重点应是表现力量强的颈饰和围巾,然后是腰带和手袋。

二、商务人员仪容设计

【情境导入】

张畅(男)和王爽(女)今天要在公司的慈善晚宴上担任招待工作。

情境1:张畅(男)今天早晨睡过头了,没来得及洗头和刮胡子,下班后他打算就这么直接去会场。

情境2:王爽(女)为晚宴设计了几款妆容:暖黄眼影+粉紫唇膏+无光唇彩;粉绿眼影+桃红腮红+桃红唇膏;咖啡眼影+珊瑚腮红+咖啡唇膏;透明睫毛膏+天蓝眼影+粉红腮红+橘色珠光唇膏;黑色亮粉眼影+棕色眉毛+棕红腮红+浅肤色唇膏;紫色眼影+肤色腮红+肤色珠光唇膏。

训练项目记录单
日期:_____ 班级:_____ 组别:_____
训练项目完成情况:
1. 根据情境,思考问题:
①张畅的做法合适么?
我们的答案:
②王爽设计的几款妆容里是否有适合参加慈善晚宴的?
我们的答案:
2. 实操任务:
(1) 设计并演示"张畅"应有的仪容形象。
自我评价:
(2) 设计并演示一款适合"王爽"参加晚宴的妆容。
自我评价:
小组小结:

【知识加油站】

一、仪容礼仪的基本原则

商务场合中，仪容礼仪的基本原则是：整洁、雅致、文明、规范。其中整洁最为重要，只有做到干净整洁才能提出更高的追求。雅致者，美观也，整体看起来必须有风度、有品位。文明则是强调我们的仪容必须符合现代文明的审美，古风古韵虽然也是一种美，但不适用于商务场合。规范则是说我们的仪容必须符合岗位的职业要求，不能过分夸张。

二、男士仪容礼仪

1. 头发

第一，长度。要求商务男士的头发长度上限是"前发不覆额、侧发不掩耳、后发不及领"，下限是不允许剃光头。当然，艺术家、演艺人员、创作者等除外。通常情况下，男士半个月理一次发。

第二，清洁。男士要常洗头发，特别是夏天出汗较多，更加要及时清洗，以免头发散发出汗臭味。另外，经常洗头还能避免头屑的尴尬。如有重要的公务活动，还应事前认真洗发、梳发。

第三，颜色。商务男士的头发不应染色，当然，白发染黑则另当别论。

第四，发型。男士发型以庄重、保守为主，给人以干净、精神、干练的印象，能修饰自己的脸型则更佳。不能过分时髦，更不能标新立异，大忌各种杀马特造型。

2. 脸部

男士在修饰脸部的时候主要注意两个方面：一是无异物，二是无异味。

商务男士需要每天剃须修面以保持面部的清洁。虽说是男士，洁面——爽肤——润肤三部曲也必须一样不落地做到位，以免面部起皮或者泛油。

工作餐要避免食用韭菜、大蒜等有刺激性气味的食物，另外，商务活动中经常会接触到烟酒这类有刺激性气味的物品，要注意随时保持口气清新。

三、女士仪容礼仪

1. 头发

第一，长度。对于女士来讲，头发的具体长度也有规定的上限与下限。女士在工作岗位上头发长度的上限是：不宜长于肩部，不宜挡住眼睛。提出这一要求，并不是强迫长发过肩者全部将其剪短，而是希望其采取一定的措施，在上岗之前，将超长的头发盘起来、束起来、编起来，或是置于工作帽之内，不可以披头散发。女士在工作岗位上头发长度的下限，也是不允许剃光头。女士在工作岗位上若是以光头形象接待服务对象，则必定会显得不伦不类，难以给对方好感。

第二，清洁。商务女士的头发必须保持健康、秀美、干净、滑爽、卫生、整齐，注意头发的养护、洗搽、梳理。头发清洁能给人留下干净卫生、神清气爽的印象；披头散发、蓬头垢面、头屑乱飞则给人萎靡不振甚至缺乏教养的感觉。因此，无论有无交际应酬活动，平日都要对头发勤于梳洗，保持卫生清洁，不要临阵磨枪，更不能忽略或疏于对头发的管理。

第三，颜色。女士一般也不提倡染发，即使染色，也不要选择过于艳丽的颜色，可以选择跟黑色接近的颜色，如棕色、栗色等。

第四，发型。商务场合中，女士最规范的发型是盘发，但如果可以保证工作的时候不会因为发型而过多地用手拢头发，则束发、披发也行。

2. 脸部

与男士相比，女士的脸部修饰要求更高，除了最基本的无异物、无异味之外，还需要通过化妆来提升整体美观度。商务女士的职业淡妆必须做到：修整自然、妆容得体、整体协调。在化妆时，应努力使整个妆面协调，并且应与全身的装扮协调，与所处的场合协调，与当时的身份协调，以体现出自己慧眼独具、品位不俗。

第一，化妆的基本程序。

（1）洁面。用温水及洗面奶彻底洗去脸上的油脂、汗水、灰尘等污秽，以使妆面光艳美丽。

（2）护肤。将收缩水或爽肤水适量倒入掌心，然后轻拍在前额、面颊、鼻梁、下巴等处，然后根据肤质搽上护肤霜（液）或美容隔离霜（液），肤色偏黄选择紫色隔离，肤色偏白选择绿色隔离。

（3）修眉。脸盘宽大者，眉毛不宜修得过长过直，相反，应修得适度弯一些、柔和一些；五官纤细者，不宜将眉修饰得太浓密。描眉时，应将眉笔削成扁平状，沿眉毛的生长方向一根根地描画，这样描出的眉毛有真实感，而不要又浓又粗地画成一片。

如图2-1-7所示，修眉须在自身眉形的基础上，以自然为标准。首先将笔刷平放在两眉的上方，检查两边眉峰的高度是否有差别；其次将眉眼间的大范围杂毛，用安全剃刀剃干净；接着用镊子拔除靠近眉毛处的小杂毛，拔的时候要夹紧根部，顺向拔起；然后用眉刷由眉头向眉峰将眉毛梳顺；最后将两眉之间的杂毛修干净。

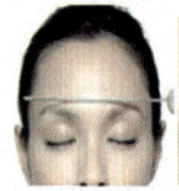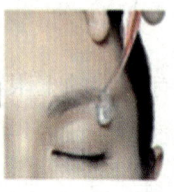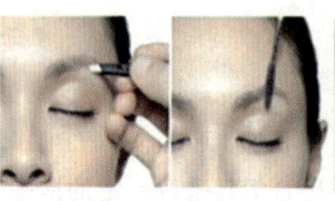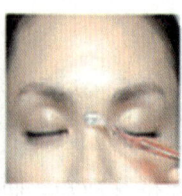

图2-1-7　修眉技巧

（4）上底妆。根据皮肤的种类，选择适合的质地和颜色，注重底妆的服帖和自然。底妆以覆盖自身肤色为标准，不要使用太白的底色，否则会让人感到失真。对整体妆容而言干净的底妆至关重要。

如图2-1-8所示采用五点法依次上妆：面部→额头→鼻子→下巴；采用涂抹、轻拍、轻压的手法；局部使用高光提亮；注意黑眼圈的处理及遮瑕。

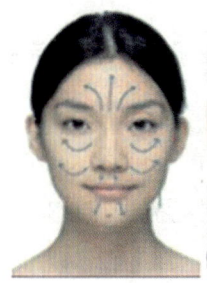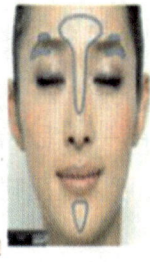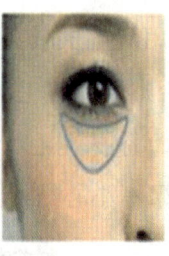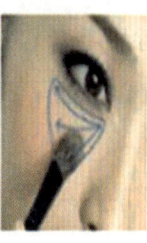

图2-1-8　底妆上妆技巧

（5）定妆。为了柔和妆色和固定底色，要用粉饼或散粉定妆，粉的颗粒越细越自然。用柔软的粉扑扑上蜜粉，再用大刷刷去多余的粉，让脸部的粉均匀薄透即可。定妆可以解决因出油而引起的花妆，让底妆更持久。

（6）涂眼影。眼影的颜色一般选择大地色系及灰色系，给人以稳重亲和的感觉。涂抹面积在眼线周围3~4毫米处（以睁眼状态为准），眼影面积不可过大，以免太多的修饰导致距离感。

如图2-1-9所示，画眼影时只需用小眼影刷蘸取适量轻轻涂于眼睑中央，然后向两边晕染开来即可。

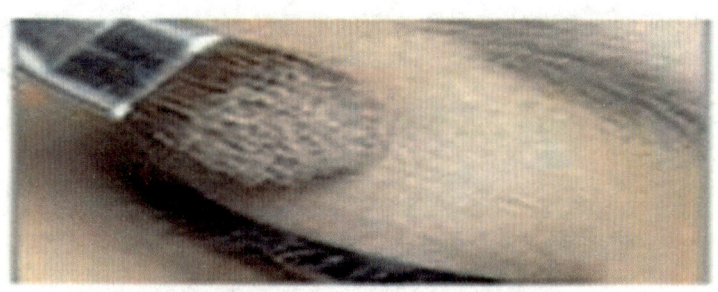

图2-1-9　眼影上妆技巧

（7）画眼线。沿睫毛根部贴近睫毛，由外眼角向内眼角方向画出眼线，上眼线应比下眼线重些，上眼线从内眼角向外眼角描十分之七长，下眼线描十分之三长。眼线多采用自然黑色，不会随眼影颜色的变化而改变。

如图2-1-10所示，勾画上眼线时用指腹轻轻上拉眼皮，从眼珠内侧上方开始向外眼角勾勒，在外眼角处微微上挑、轻轻抬起。

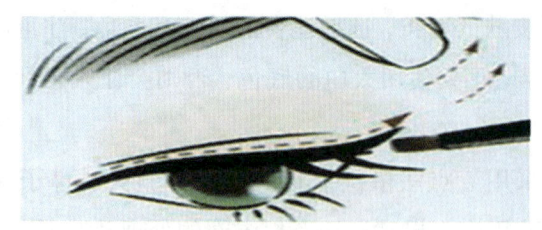

图 2-1-10　眼线上妆技巧

（8）涂睫毛膏。先用睫毛夹使睫毛卷曲，然后用睫毛刷把睫毛膏均匀地涂抹在睫毛上，但不宜抹得过厚，否则会让睫毛粘住，给人以造作之感。

如图 2-1-11 所示，涂抹睫毛膏必须按照睫毛根部→睫毛中部→睫毛尖部的手法，打造根根分明的效果。如果不小心结块出现"苍蝇腿"，可以使用睫毛梳进行梳理。

图 2-1-11　睫毛膏上妆技巧

（9）腮红。根据不同脸型的需要，在关键部位一刷带过，横向拉宽、斜向拉长，绝对不要过分渲染。腮红不仅可以修正脸型，还可以带出满脸的好气色。

（10）涂口红。涂口红可加深嘴的轮廓，让脸部更加生动，富有魅力。涂口红时先用唇线笔画出理想的唇型，然后填入唇膏。按上嘴唇从外向里，下嘴唇从里向外的顺序进行涂抹。口红的颜色应根据不同肤色、不同服装的颜色、不同的场合来选用。

如图 2-1-12 所示，丰满的嘴唇和薄薄的嘴唇都可以通过勾勒唇形达到理想的效果。

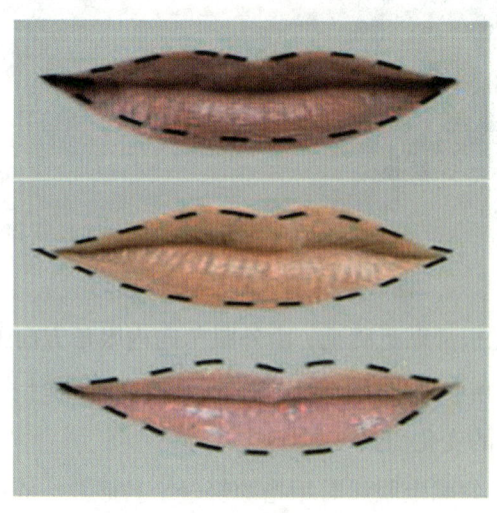

图 2-1-12　不同唇形上妆技巧

第二，化妆的禁忌。

（1）修饰避人。化妆属于个人隐私，原则上只能在家中进行。特殊情况下，需要在其他场合临时补妆，也应选择隐蔽之处。

（2）化妆不要妨碍他人。有些人自己的妆化得过浓、过重，香气四溢，令人窒息。这种化妆不仅没有取得美化面容的效果，还会使他人远离自己。

（3）勿使化妆出现残缺。如果出现残妆，要及时进行补妆。在炎热的夏季，这一点尤其要注意，否则就会给对方留下懒惰、低俗的印象。

（4）勿使用别人的化妆品。每个人面部的情况都不一样，为了防止皮肤疾病的传播，不要借用别人的化妆品。

（5）勿评论别人的化妆。化妆是个人的事，无论是当面还是背后，都不要随便评论别人的化妆。因为不同国家、不同民族、不同地区的文化传统和宗教信仰不一样，所以审美情趣不同，化妆也存在差异。如果随便评论别人的妆容，是对对方的不尊重；如果让对方听见，还会让对方很难堪。

【练兵场】

请运用该模块所学知识为自己打造一个完美的商务仪表形象。

仪表礼仪评分表（女）

班级：　　　　　　学号：　　　　　　姓名：

评价项目		评价标准	分值	得分
发部		头发干净无异味，颜色、发型与年龄身份相符，使脸部轮廓更加清晰明净	10分	
妆容	洁面护肤	面部干净清爽，选择膏霜类，对皮肤进行保护	5分	
	打粉底	调整面部肤色，使之柔和美化	5分	
	施眼影	面部具有立体感，双眼明亮传神	5分	
	画眼线	眼睛生动有神，并且更富有光泽	5分	
	涂睫毛	睫毛翻翘纤长，根根分明	5分	
	描眉形	突出或改善个人眉形以烘托容貌，眉形具有立体感	5分	
	上腮红	使面颊更加红润，轮廓更加优美，显示健康活力	5分	
	涂唇彩	改变不理想唇形，使双唇更加娇媚	5分	
领带	半温莎	领带的系法正确，符合规范，美观	10分	
	普瑞特	领带的系法正确，符合规范，美观	10分	
着装		套装的穿着要符合规范	10分	
		衬衫的穿着要符合规范	5分	
		佩饰的装饰要符合规范	5分	
		袜子的穿着要符合规范	5分	
		鞋子的穿着要符合规范	5分	
合计				

仪表礼仪评分表（男）

班级：　　　　　　学号：　　　　　　姓名：

评价项目		评价标准	分值	得分
发部		头发干净无异味，颜色、发型与年龄身份相符，使脸部轮廓更加清晰明净	10分	
面部		面部整洁无异物	10分	
领带	平结	领带的系法正确，符合规范，美观	10分	
	半温莎	领带的系法正确，符合规范，美观	10分	
	温莎	领带的系法正确，符合规范，美观	10分	
	普瑞特	领带的系法正确，符合规范，美观	10分	
着装		西装的穿着要符合规范	10分	
		衬衫的穿着要符合规范	10分	
		袜子的穿着要符合规范	10分	
		鞋子的穿着要符合规范	10分	
合计				

注：考评满分为100分，60分以下不及格，60~69分及格，70~79分中等，80~89分良好，90分以上优秀。

任务二　掌握商务人员的仪态礼仪

知识目标

1. 懂得商务人员的站姿、坐姿、行姿、蹲姿等姿态,眼神、微笑等神态以及手势的规范要求。
2. 学会商务人员的站姿、坐姿、行姿、蹲姿等姿态,眼神、微笑等神态以及手势。

能力目标

能在各种场合熟练运用商务人员的站姿、坐姿、行姿、蹲姿等姿态,眼神、微笑等神态以及手势。

一、商务人员的姿态礼仪

【情境导入】

上午8:00整,张畅和王爽准时到达了公司,开始了一天的忙碌。

情境1:张畅到办公室后,接到了领导的通知,取一份文件。张畅气喘吁吁跑到领导办公室,一屁股坐在沙发上,翘起二郎腿,老板见状后,冲他直皱眉头。张畅见老板不说话,也很尴尬,不知哪里做错了。你能帮他改正错误吗?

情境2:王爽抱着一摞文件准备去办公室复印。一不小心,文件掉落在了地上。穿着西装套裙的王爽,该用什么样的姿势捡起落在地上的文件呢?

训练项目记录单

日期：_____ 班级：_____ 组别：_____

训练项目完成情况：

1. 根据情境，思考问题：

①张畅在接到领导通知后都有哪些地方做错了？

我们的答案：

②王爽应该用什么姿势捡起掉落在地上的文件？

我们的答案：

2. 实操任务：

（1）设计并演示张畅在这一情境中的正确仪态。

自我评价：

（2）设计并演示王爽捡起文件的姿势。

自我评价：

小组小结：

【知识加油站】

一、站姿礼仪

（一）标准站姿

1. 头正，双目平视，下颌微收，面带微笑。

2. 双肩放松，稍向下沉。人体有向上的感觉。

3. 躯干挺直，挺胸、收腹、立腰。

4. 双臂自然下垂于身体两侧，中指贴拢裤缝，两手自然放松。

5. 双腿立直、并拢，脚跟相靠，两脚尖张开约60度，身体重心落于两脚正中。

如图2-2-1所示，标准站姿的要领是：一要平，即头平、双肩平、两眼平视。二要直，即腰直、腿直，后脑勺、背、臀、脚后跟成一条直线。三要高，即重心上拔，看起来显得高。

图2-2-1　标准站姿

（二）标准站姿的训练

1. 五点靠墙。背墙站立，脚跟、小腿、臀部、双肩和头部靠着墙壁，以训练整个身体的控制能力。

2. 双腿夹纸。站立者在两大腿间夹上一张纸，保持纸不松、不掉，以训练腿部的控制能力。

3. 头上顶书。站立者按要领站好后，在头上顶一本书，努力保持书在头上的稳定性，以训练头部的控制能力。

4. 效果检测。轻松地摆动身体后，瞬间以标准站姿站立，若姿势不够标准，则应加强练习，直至无误为止。

（三）其他常见站姿

在商务日常活动中，也可通过腿、脚的变化采用其他一些站立姿势。例如，女士单独在公众面前或登台亮相时，两脚呈丁字步站立的姿势也会使女士显得优雅。但切记，其他站立的姿势须以标准站姿为基础，只有与具体环境相和谐，方能显出大方与优美的姿态。

如图2-2-2所示，常见的站姿还包括侧放式站姿、前腹式站姿、后背式站姿和丁字式站姿。

图2-2-2 常见站姿

（四）商务场合站姿禁忌

1. 站立时，身体晃动或者腿部抖动不停，让别人心烦。
2. 双手交叉在胸前，有拒人千里以外之嫌。
3. 双手或单手叉腰，有气势凌人之意。
4. 双手或单手插入衣袋或者裤袋，显得小气、随意。

二、坐姿礼仪

（一）标准坐姿

坐姿是指人们就座时和坐定后的一系列动作和姿势。首先站好，全身保持站立的标准姿态，两腿平行于椅子前面，弯曲双膝，挺直腰背坐下。落座时声音要轻，动作要缓。落座过程中，腰、腿肌肉要稍有紧张感。坐立时，上身正直而稍向前倾，头、肩平正，两臂贴身下垂，两手可随意摆放在大腿上，女性应两膝并拢，男性膝部可分开一些，两腿外沿间距与肩宽大致相等，两脚平行自然着地。一般来讲，坐姿应当文雅，舒适自然。

如图 2-2-3 所示，标准坐姿必须做到三个 90 度。即上身与大腿、大腿与小腿、小腿与地面，都应保持直角。双膝、双脚并拢，其中，女士必须双膝靠拢，男士允许双膝分开。目视于人。如古人所言的"坐如钟"。若坚持这一点，那么不管怎样变换身体的姿态，都会优美、自然。

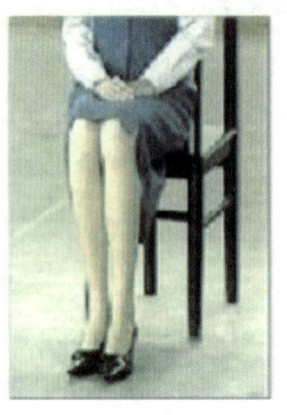

图 2-2-3　标准坐姿示范图

如图 2-2-4 所示，在正式场合，入座时要轻柔和缓，起座时要端庄稳重，不可猛起猛坐，弄得桌椅乱响，造成气氛尴尬。不论何种坐姿，上身都要保持端正。

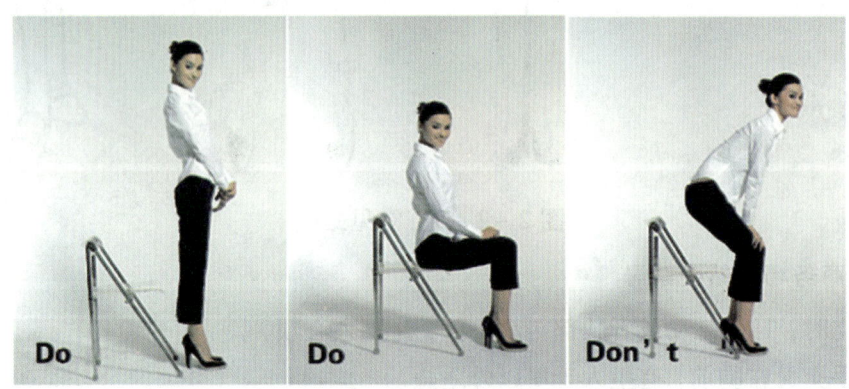

图 2-2-4　正确入座与错误入座示范图

（二）标准坐姿的训练

1. 从椅子后面入座。如果椅子左右两侧都空着，应从左侧走到椅子前。

2. 不论从哪个方向入座，都应在离椅前半步远的位置立定，右脚轻向后挪半步，用小腿靠椅、以确定位置。

3. 女士穿着裙装入座时，应用双手将裙子后片向前拢一下，以显得娴雅端庄。

4. 坐下时，不论男士还是女士，身体重心要徐徐垂直落下，臀部接触椅面要轻，避免发出声响。

（三）其他常见坐姿

1. 女士其他常见坐姿

如图2-2-5所示，女士其他常见的坐姿有双腿斜放式、双腿叠放式、前伸后屈式、双腿内收式、双脚交叉式。

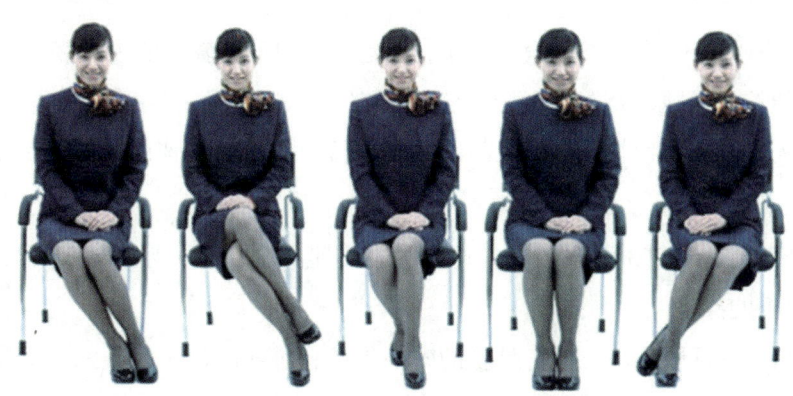

图2-2-5　女士其他常见坐姿

第一，双腿斜放式。落座后，在标准坐姿的基础上，双腿双脚完全并拢，放置于身体右侧或者左侧，脚尖不要内倾。

第二，双腿叠放式。即俗称的"二郎腿"，在标准坐姿的基础上，双腿交叠，斜放在右侧或者左侧。双腿要紧密贴合，尽量保持平行，接触地面的脚尖不能内倾，叠放在上面的脚尖要内敛，不能翘起。这种坐姿虽然比较优美，但是比较随意，在正式场合不要轻易使用。另外，当交谈对象没有选择此种坐姿时，自己也不要选择这种姿势。

第三，前伸后屈式。落座后，大腿并紧，向前伸出一条腿，并将另一条腿屈后，双脚脚掌着地，双脚前后要保持在一条直线上。

第四，双腿内收式。落座后，大腿首先并拢，双膝可以略微打开，两条小腿可以在稍许分开后向内侧屈回，双脚脚掌着地。

第五，双脚交叉式。落座后，在标准坐姿的基础上，双腿交叉，交叉点在两脚脚踝处，双膝要并拢。这种坐姿将腿放在前后左右四个方向皆可。

2. 男士其他常见坐姿

如图2-2-6所示，男士其他常见的坐姿有前伸式、交叠式。

图2-2-6　男士其他常见坐姿

第一，前伸式。落座后，大腿在标准坐姿的基础上，向前伸出一条腿，并将另一条腿屈后，双脚脚掌着地。

第二，交叠式。即俗称的"二郎腿"，在标准坐姿的基础上，双腿交叠，放于身体的正前方，叠放在上面的脚尖不能翘起，做到不让对方看见鞋底。

（四）商务场合坐姿禁忌

1. 坐时，不可前倾后仰或是歪歪扭扭，这是散漫和没有教养的失礼表现。

2. 双腿伸长、摇腿、跷脚、两腿过于分开都不雅观。

3. 坐在椅子的前半边，身子稍向前倾表示谦虚，但与人交谈时，坐得过于萎缩前倾，就是一种阿谀奉承的举止。

4. 坐在椅子上，应坐椅子的2/3，宽座沙发则坐1/2，不可满坐。满坐给人傲慢和不把别人放在眼里的感觉。

5. 落座后，不要靠椅背。但若是坐的时间很久，则可轻靠椅背。

三、行姿礼仪

（一）标准行姿

标准的行姿为：上身基本保持站立的标准姿势，挺胸收腹，腰背笔直；两臂以身体为中心，前后自然摆动。前摆约35度，后摆约15度，手掌朝向体内；起步时身子稍向前倾，重心落在前脚掌，膝盖伸直；脚尖向正前方伸出，行走时双脚踩在一条直线上。

商务人员应当掌握的行进姿势的基本要点是：身体协调，姿势优美，步伐从容，步态平稳，步幅适中，步速均匀，走成直线。

（二）标准行姿的训练

1. 摆臂。人直立，保持基本站姿。在距离小腹两拳处确定一个点，两手呈半握拳状，均向此点朝斜前方摆动，由大臂带动小臂。

2. 展膝。保持基本站姿，左脚跟起踵，脚尖不离地面，左脚跟落下时，右脚跟同时起踵，两脚交替进行，脚跟提起的腿屈膝，另一条腿膝部内侧用力绷直。做此动作时，两膝靠拢，内侧摩擦运动。

3. 平衡。行走时，在头上放个小垫子或一本书。用左右手轮流扶住，在能够掌握平衡之后，再放下手进行练习，要注意保持物品不掉下来。通过训练，使背脊、脖子竖直，上半身不随便摇晃。

（三）不同场合的行姿

1. 陪同引导

如图 2-2-7 所示，陪同引导顾客时，通常应注意四点。

图 2-2-7　陪同引导行姿示范图

第一，本人所处的方位。如双方并排行走时，陪同引导人员应居于左侧；如双方单行行走时，要居于左前方约一米的位置；当被陪同人员不熟悉行进方向时，应走在前面、走在外侧。

第二，协调的行进速度。陪同人员行走的速度要考虑到和对方相协调，不可以走得太快或太慢。

第三，及时的关照提醒。要处处以对方为中心，每当经过拐角、楼梯或道路坎坷、照明欠佳的地方，都要提醒对方留意。

第四，采用正确的体位。如请对方开始行走时，要面向对方，稍微欠身。在行进中和对方交谈或答复提问时，把头部、上身转向对方。

2. 上下楼梯

第一，要走专门指定的楼梯。

第二，要减少在楼梯上的停留。

第三，要坚持"右上右下"原则。

第四，要注意礼让别人。上下楼梯时，不要和别人抢行，出于礼貌，可以让对方先走。

第五，如果是陪客人上楼，陪同人员应该走在客人的后面；如果是陪客人下楼，陪同人员应该走在客人的前面。

3. 进出电梯

如图2-2-8所示，进出电梯时需要注意以下几个方面。

图2-2-8 进出电梯走姿示范图

第一，如果乘的是无人驾驶的电梯，工作人员自己必须"先进后出"，以方便控制电梯。如果是有人驾驶的电梯，则应当"后进后出"。

第二，尊重周围的乘客。进出电梯时，应该侧身而行，免得碰撞别人。进入电梯后，尽量站在里面。下电梯前，应该提前换到电梯门口。

4. 出入房门

如图2-2-9所示，出入房门时要做到以下几点。

图2-2-9 出入房门走姿示范图

第一，先通报。在进入房间时，特别是在进入房门时，一定要以轻轻叩门或按铃的方式向房内的人进行通报。贸然出入或者一声不吭，都会显得冒冒失失。

第二，以手开关门。出入房门时，务必要用手来开门或关门。开关房门时，最好是反手开门、反手关门，并且始终面向对方。用肘部顶、膝盖拱、臀部撞、脚尖踢、脚跟蹬等方式开关门都是不好的做法。

第三，后入后出。和别人一起先后出入房门时，为了表示自己的礼貌，应当请对方先进门、先出门，自己后进门后出门。

第四，出入拉门。平时，特别是陪同引导别人时，必须在出入房门时为对方拉门或是推门。在拉门或推门后要使自己处于门后或门边，以方便别人的进出。

5. 变向行走

图2-2-10　变向行走前行转身步示范图

如上图2-2-10所示，在行进中我们不可能永远向前直行，常常需要各种变向行走。常用的变向行走有两种方式——前行转身步和后退步。

第一，前行转身步。以一脚脚掌为轴，转过全身，迈出另一只脚。左拐右脚在前时转身，右拐左脚在前时转身。

第二，后退步。先后退两三步，再转身离去。退步时，脚轻擦地面，步幅要小，先转身，再转头。

（四）商务场合行姿的禁忌

1. 走路时不要弯腰驼背、低头无神、步履蹒跚，以免给人以倦怠的感觉。
2. 不要在商务等正式场合踱着、晃着八字脚，给人不雅之感。
3. 不要在行走时将手插在口袋里、双臂相抱或双手背后，以免给人留下漫不经心和傲慢的印象。

四、蹲姿礼仪

（一）标准蹲姿

日常生活中蹲下捡东西或者系鞋带时，一定要注意自己的姿态，尽量迅速、美观、大方，保持端庄的蹲姿。在取低处物品或拾取落地物品时，切不可弯腰翘臀，而应使用蹲姿。

如图2-2-11所示，商务女士一般采取高低侧式蹲姿和交叉式蹲姿。商务男士则采用高低式蹲姿。

图2-2-11　标准蹲姿示范图

第一，女士高低侧式蹲姿。下蹲时，右脚在前，左脚稍后，两腿靠紧向下蹲。右脚全脚着地，小腿基本垂直于地面，左脚脚跟提起，脚掌着地。左膝低于右膝，左膝内侧靠于右小腿内侧，形成右膝高左膝低的姿势，臀部向下，基本上以左腿支撑身体。男士两腿之间可留有适当的缝隙，女士则要两腿并紧，穿旗袍或短裙时需要严加留意，以免尴尬。

第二，女士交叉式蹲姿。下蹲时，右脚在前，左脚在后，右小腿垂直于地面，全脚着地。左腿在后方与右腿交叉重叠，左膝由后下方伸向右侧，左脚跟抬起，脚掌着地。两腿前后靠紧，合力支撑身体。臀部向下，上身稍向前倾。

第三，男士高低式蹲姿。下蹲时一脚在前、一脚稍后，两腿靠紧向下蹲。一脚全脚着地，小腿基本垂直于地面；另一脚脚跟提起，脚掌着地，形成一膝高另一膝低的姿态，臀部向下，主要以全脚着地的腿支撑身体。男士两腿间可留有适当的缝隙。

（二）商务场合蹲姿禁忌

1. 切忌弯腰捡拾物品时，两腿叉开，臀部向后撅起。
2. 捡地上的物品时，在蹲下、拾物品、站起身来的完整过程中，速度要适中、大方、美观。

3. 商务男士不适合采用女士的高低侧式蹲姿，那样会留给他人不大气的感觉。

4. 商务女士下蹲时要注意胸前和裙下的走光问题。

五、女士上下轿车的姿态

在商务场合，由于女士穿着裙装，上下轿车时应该特别注意保持姿态的礼貌和优雅。

如图2-2-12所示，女士在上轿车时，应采用背入式。即打开车门，背对车内，臀部先坐下，同时上身及头部入内，然后再将并拢的双腿送进车内，坐好后稍加整理衣服，坐定，关车门。

图2-2-12　女士上轿车姿态示范图

如图2-2-13所示，女士下轿车时，正面朝车门，双腿并拢，双脚先着地，再将上体和头部伸出车外，站定起身。

图2-2-13　女士下轿车姿态示范图

二、商务人员的神态以及手势礼仪

【情境导入】

情境1：张畅被老板批评之后，低着头从老板办公室出来，心里很不高兴。在走廊的拐弯处，正好遇见了同事。同事很热情地与张畅打招呼，可是张畅却面无表情地走了过去。同事感到很诧异！

情境2：办公室里，王爽在向领导汇报工作，由于最近工作表现不错，王爽讲起来滔滔不绝,还加上了各种手势,领导越听脸色越凝重。

训练项目记录单

日期:_____ 班级:_____ 组别:_____

训练项目完成情况:

1. 根据情境,思考问题:

①此时的张畅应该怎样做才合适?

我们的答案:

②王爽的工作业绩明明不错,为什么领导反而不开心呢?

我们的答案:

2. 实操任务:

(1) 设计并演示张畅在这一情境中的正确表情与神态。

自我评价:

(2) 设计并演示王爽汇报工作时应有的手势。

自我评价:

小组小结:

【知识加油站】

一、眼神

俗话说:"眼睛是心灵的窗户。"在汉语中用来描述眉目表情的成语就有几十个,如"眉飞色舞""眉目传情""愁眉不展""暗送秋波""眉开眼笑""瞠目结舌""怒目而视"……这些成语都是通过眼语来反映人们的喜、怒、哀、乐等情感的,人的七情六欲都能从眼睛这个神秘的器官内显现出来。

眼睛是人体传递信息最有效的器官,而且能表达最细微、最精妙的差异,显示出人类最明显、最准确的交际信号。据研究,在人的视觉、听觉、味觉、嗅觉和触觉感受中,唯独视觉感受最为敏感，人由视觉感受的信息占总信息的83%。

眼神主要由注视的部位、注视的方向和注视的时间三个方面组成。

(一) 注视的部位

1. 公务注视

如图2-2-14所示，在洽谈、磋商、谈判等场合，眼睛应看着对方双眼或双眼与额头之间的区域。这样注视显得严肃、认真，别人也会感到你有诚意。

图2-2-14　公务注视部位区域示意图

2. 社交注视

如图2-2-15所示，在茶话会、朋友聚会、舞会等场合，眼光应看向对方双眼到唇心之间的三角形区域。这样注视会使对方感到礼貌、舒适，从而营造一种良好的社交气氛。

图2-2-15　社交注视部位区域示意图

3. 亲密注视

如图2-2-16所示，在亲人、恋人和家庭成员之间，眼光可以注视对方双眼到胸部之间的区域。这样的注视表示亲近、友善。但对陌生人来说，这种注视很不礼貌。

图2-2-16　亲密注视部位区域示意图

（二）注视的方向

如图 2-2-17 所示，注视对方的时候，人的视线跨越分为：平视、俯视和仰视。

图 2-2-17　平视、俯视、仰视

1. 平视

即视线水平注视他人，表示理性、平等、自信、坦率，适用于普通场合与身份、地位平等的人之间。

2. 俯视

即视线向下注视他人，表示权威感和优越感，一般适用于面对晚辈。

3. 仰视

即视线向上注视他人，表示尊敬与期待，适用于面对尊长时。

（三）注视的时间

在人际交往中，注视对方的时间长短相当重要。在交谈中，听的一方通常应多注视说的一方，目光与对方接触时间一般占全部相处时间的 1/3。谈话时，若对方为关系一般的同性，应该不时地与对方双目对视，以示尊重；如果双方关系密切，则可较多、较长时间地注视对方，以拉近心理距离；如果对方是异性，目不转睛长时间地注视对方不仅使对方不自在，还是失礼的表现。

二、微笑

微笑，是一种特殊的语言——"情绪语言"。它可以和有声语言及行动相配合，起到"互补"作用，沟通人们的心灵，架起友谊的桥梁，给人以美好的享受。工作、生活中离不开微笑，社交中更需要微笑。

笑可以分为五度。一度笑为本意的笑，嘴角微微翘起，做自然轻度微笑，表示友好的情绪，适宜商务、社交场合初次见面；二度笑为温馨的笑，嘴角明显上弯，肌肉明显舒展，表示亲切、温馨的情绪，适宜商务、社交场合与熟人亲友之间；三度笑为甜美的笑，嘴角大幅上扬，两颊肌肉明显向两侧推展，表示亲爱、甜蜜的情绪，适宜亲人、恋人；四度笑为热情的笑，适合于气氛热闹欢快的场合；五度笑为开怀笑，即大笑。一度笑、二度笑属于典型的商务场合中微笑的范畴。

（一）微笑的要求

1. 要注意四个结合

微笑是有规范的，一般要注意四个结合，即口眼结合，微笑与神、情、气质相结合，微笑与语言相结合，微笑与仪表、举止相结合。只有这样，微笑才是真诚自然的，从而使对方感到友善、亲切和融洽。

2. 微笑要适度得体

微笑虽然是人们交往中最有吸引力、最有价值的面部表情，但不能随心所欲地使用。适度就是要笑得有分寸、不出声，含而不露；得体就是要恰到好处，当笑则笑，不当笑则不笑。喜庆的场合应当微笑，而特别严肃的场合则不适宜微笑，否则会适得其反，给对方留下不好的印象。

（二）微笑的训练

1. 对镜训练法

站在镜前，以轻松愉快的心情，调整呼吸并使其自然顺畅；静心3秒钟，开始微笑，双唇轻闭，使嘴角微微翘起，面部肌肉舒展开来；同时注意眼神的配合，使之达到眉目舒展的微笑面容。如此反复多次。

2. 含箸法

如图2-2-18所示，这是日式训练法。选一根洁净光滑的圆柱形筷子（不宜用一次性的简易木筷子以防拉破嘴唇），横放在嘴中，用牙齿轻轻咬住，观察微笑状态。

图2-2-18 含箸法训练微笑

3. 记忆法

回忆美好有趣的往事，让自己微笑。

4. 数字口型法

面对镜子，深呼吸，然后慢慢吐气，发出"一"或者"七"的声音。发"一""七"的音时，人的面部呈现的表情与微笑的神态很相似。

三、手势

手是人体上最富有灵性的器官，如果说"眼睛是心灵的窗户"，那么手就是心灵的触角，是人的第二双眼睛。手势在传递信息、表达意图和情感方面发挥着重要作用。运用的得体的手势礼仪可以帮助更准确地理解和交流，更有助于增强表达的感染力。

（一）手势的原则

手势语能反映出复杂的内心世界，但运用不当，便会适得其反，因此在运用手势时要注意几个原则：首先要简约明快。不可过于繁多，以免喧宾夺主；其次要文雅自然。因为拘束低劣的手势，会有损于交际者的形象；再次要协调一致。即手势与全身协调，手势与情感协调，手势与口语协调；最后要因人而宜。不可能千篇一律地要求每个人都做几个统一的手势动作。

（二）常用的几种手势

如图 2-2-19 所示，我们在日常交流中，常用的手势主要有以下四种。

图 2-2-19　常用的几种手势

1. 横摆式手势

在想要表达"请进""请这边请"等意思的时候常会使用单臂式。要求是：五指并拢、手掌伸直、手心朝上，小臂与手掌呈一条直线。在做手势时，以肘部为轴心，将手臂从腹部之前抬起至与身体呈直角的状态。另一条手臂下垂或背在身后，面带微笑，表示出对对方的欢迎和尊敬。

2. 直臂式手势

此种手势多用于"请跟我来""请看前方"的意思。采用直臂式的手势，手指并拢、手掌伸直，屈肘从身前抬起，轻抬至与肩膀同高、略高或者略低的位置，肘关节基本呈直线。切忌伸出一根手指指示方向，因为这是非常不礼貌的行为。

3. 斜摆式手势

斜摆式手势多用于表达"请坐"的意思。具体要求是：在基本掌式的基础上，手臂摆向座位的地方，与身体成一定的角度。

4. 前摆式手势

前摆式手势，手臂由一侧抬起，到腰的高度再向前摆去，摆到距离身体15厘米的地方停下来。目视来宾，表情亲切，也可以使用双手向前的方式。

（三）常用的礼仪手势

1. 正确使用掌心的手势

掌心向上的手势有一种诚恳、尊重他人的含义；掌心向下的手势意味着不够坦率、缺乏诚意等；伸出手指来指点是要引起他人的注意，含有教训人的意味。因此，在引路、指示方向等时，应注意手指自然并拢，掌心向上，以肘关节为支点，指示目标，切忌伸出食指来指点。

2. 正确使用接物的手势

应当目视对方，而不要只顾注视物品，一定要用双手或右手，绝不能单用左手去接物品，必要时应当起身而立，主动走近对方；当对方递过物品时，再用手前去接取，切不可急不可待地直接从对方手中接物。

3. 正确使用递物的手势

递物以双手为宜，不方便双手并用时，也要用右手递物给他人，用左手通常视为无礼之举；递给他人的物品，以直接交到对方手中为好；若双方相距过远，递物者应主动走近接物者；当递物给他人时，应面向对方；将带尖、带刃或其他易伤人的物品送给他人时，切勿将尖、刃直接指向对方，合乎礼仪的做法应当将尖、刃朝向自己或朝向他处。

4. 正确使用展示的手势

将物品举至高于双眼之处，这适用于被人围观时采用；将物品举至上不过眼部、下不过胸部的区域，这适用于让他人看清展示之物。

5. 正确使用招手的手势

向近距离的人打招呼时，伸出右手，五指自然并拢，举起小臂挥一挥即可；距离较远时，可适当加大手势；不可向上级和长辈招手。

6. 正确使用介绍的手势

为他人做介绍时，手势动作应文雅。无论介绍哪一方，都应手心朝上手背朝下，四指并拢，拇指张开，手掌基本上抬至肩的高度，并指向被介绍的一方，面带微笑。

7. 避免使用错误的手势

在商务场合中。应当避免出现的手势有搔头、掏耳朵、抠鼻子、擤鼻涕、拭眼屎、剔牙齿、修指甲、咬指甲、打哈欠、咳嗽、打喷嚏、用手指在桌上乱写乱画、玩笔的手势等。

【练兵场】

请运用该模块所学知识,在各种场合熟练运用商务人员的站姿、坐姿、行姿、蹲姿等姿态,眼神、微笑等神态以及手势。

仪态礼仪评分表

班级:　　　　　学号:　　　　　姓名:

序号	考核内容	考核要点	分值	评分标准	得分
1	走姿	步伐、步幅、姿态、表情	20	步伐轻而稳(4分)、步幅适中(4分)、抬头(2分)、挺胸(2分)、肩膀放松(2分)、两眼平视(1分)、面带微笑(2分)、自然摆臂(2分)	
2	站姿	姿态、表情	20	头正(4分)、肩平(2分)、臂垂(2分)、躯挺(4分)、腿并(4分)、目视于人(2分)、面带微笑(2分)	
3	坐姿	姿态、表情	20	腰背挺直(8分)、手臂放松(4分)、双腿并拢(4分)、目视于人(2分)、面带微笑(2分)	
4	蹲姿	姿态、表情	20	腰背挺直(8分)、动作迅速(4分)、目视于人(4分)、面带微笑(4分)	
5	手势	姿态、表情	20	精准表达特定意义(5分)、自然不造作(5分)、动作简洁明快(5分)、与姿态表情配合度高(5分)	
合计分值					

注:考评满分为100分,60分以下不及格,60~69分及格,70~79分中等,80~89分良好,90分以上优秀。

项目三
人际交往礼仪

任务一　掌握沟通礼仪

知识目标

1. 了解声音美、语言美的要求。
2. 掌握恰当的语言表达方式和有效沟通技巧。
3. 根据交往场合选择正确的话题。

能力目标

1. 掌握人际交往的技巧，提升个人沟通能力。
2. 运用沟通技巧，将礼仪运用到日常生活工作中。

一、沟通礼仪内涵

【情境导入】

王爽性格开朗，不拘小节。她刚来单位时，从不主动与同事打招呼，与同事照面，王爽像陌生人一般径直离去。后来，她与同事渐渐熟悉起来，于是张口闭口就"老王头""小李子""猴子"地称呼同事，她甚至喜欢打听别人的隐私。有一次在会议室见到小赵后，她大声对小赵说："哎，赵老弟，最近面色不错，是不是最近又交桃花运了？女朋友是原来的那个吗？"弄得小赵的脸当时就变了颜色。最近一段时间，王爽总感觉同事们都不太爱搭理她，心里不是滋味。看到别人和朋友、同事谈笑风生，很是羡慕。她不明白为何同事和朋友们都躲着自己？为什么不愿意和她多说几句话？

训练项目记录单
日期：_____ 班级：_____ 组别：_____
训练项目完成情况： 1．根据情境，思考问题： ①王爽在单位的行事做派有问题吗？王爽与他人寒暄时犯了哪些忌讳？ 我们的答案： ②想一想，你身上有无王爽的影子？ 我们的答案： 2．实操任务： 设计并演示"我是王爽，该如何与同事相处"的情景。 自我评价：   小组小结：

【知识加油站】

一、沟通的含义

沟通是为了一个设定的目标，把信息、思想和情感在个人或群体间传递，并达成共同协议的过程。沟通是传递者与接受者之间进行信息交流与反馈的过程，是交谈过程中说、听、问的一种交互行为。表达、倾听、反馈构成了沟通的三要素。因此可以说，沟通是社会交往、交流思想、沟通信息、加深友谊的重要手段。

图 3-1-1

二、沟通的分类

通常意义上,我们习惯把沟通分为语言沟通和非语言沟通两种。

语言沟通主要是指语言和文字的交流,它是沟通过程中的重要部分之一。我们也将语言交流简称为交谈。

非语言沟通是一种交往符号。非语言沟通包含的内容很多,诸如眼神、微笑、声音、语调、肢体动作、身体行为等。这部分在人际交往中,往往是形成第一印象的关键因素。

三、沟通的重要性

沟通是建立人际关系的桥梁。没有沟通就没有人际的互动关系,人与人之间就会出现僵硬、隔阂、冷漠等状态,会造成误解、扭曲的局面,给工作和生活带来极大的害处。

图 3-1-2

沟通是现代管理的命脉,沟通是管理工作的灵魂。没有沟通或者说沟通不畅,管理效率就会折损。对一个组织而言,良好的沟通可以使上下级成员认清形势,使决策更加有理、有效,建立组织共同的愿景。美国通用电气公司就是靠着感情沟通方式的管理,以惊人的速度发展起来的,这种沟通式管理给人以深刻的启迪。

沟通是人际情感的基石。良好的沟通可以造就健康的人际关系。它能使对方感受到你的尊重和理解,能够迅速促使他人对你的接受,让他人自愿地提供更多的协助,发展互惠互利的合作关系。沟通是人们生存、生产、发展和进步的基本手段和途径。

四、沟通的基本原则

(一) 真诚坦率

真诚坦率可以拉近彼此之间交谈的距离,融洽交谈环境,为成功交谈奠定基础。沟通时只有认真对待交谈主题,坦诚相见,清晰地表达自己的观点和意见,才能激起对方的情感共鸣,沟通才能取得满意的效果。

(二) 相互尊重

沟通是双方思想、感情的交流,是双向的活动。交流双方无论地位高低、年龄大小,在人格上都是平等的。要尽量使用礼貌用语、敬语和自谦的言辞，谈论到自己要谦虚，谈到对方要尊重，这样能彰显个人修养，有助于交谈的成功。

二、语言艺术

【情境导入】

张畅性格好，态度亲切，笑容可爱。他在公司从事销售工作，对待工作很敬业。每天都要和客户进行沟通，但是业绩总上不去。部门经理让同事们帮他找出问题根源。大家普遍认为，张畅哪哪儿都好，就有一点不好，那就是说话太快，这是他和客户沟通的最大障碍。许多同他交流过的客户也反映张畅的语速太快，让人听不清楚，因而不知道怎么接下一句，有时会很尴尬，而且只要他语速快了，就感觉他心态浮躁，说出来的话好像没有经过大脑思考，可信度不强。

训练项目记录单

日期：_____   班级：_____   组别：_____

训练项目完成情况：

1. 根据情境，思考问题：

①张畅由于语言表述存在不足，导致工作业绩不如意。你认为语言表达对工作、生活有何影响？

我们的答案：

②同学之间相互评论一下对方的语言表达效果。

我们的答案：

2. 实操任务：

设计并演示"面试"情景。

自我评价：

小组小结：

【知识加油站】

一、声音美

声音在语言中的地位相当重要，除去它是思想内容的载体之外，声音的大小高低、粗细快慢等也具有表达复杂情感的作用。诸如持重与浮躁、坚定与犹豫、爽快与拘谨等潜在的内心感情，甚至个性，都可以通过语音的变化得以表达。

（一）语音适度

音量要适度，以客人听清楚为准。轻声总比提高嗓门感到悦耳，切忌大声说话，惊扰他人。放低声音比提高嗓门听起来让人感到舒适，当需要说话给一个人或是周围人听时，其音量大到让他们听清即可。

（二）语调柔和

嗓音要动听，增加语言的感染力与吸引力。虽然一个人的嗓音是天生条件决定的，但也不能忽视后天的训练。若是能认真注意，随时调整自己的嗓音，尽可能地使声音听起来柔和，避免粗粝尖酸地讲话，就能起到增强语言的感染力和吸引力的作用。

（三）速度适中

语速要适中，讲话速度不要过快，避免连珠炮式地讲话。一般建议娓娓道来，这不仅会给他人留下稳健的印象，还会给自己留下思考的余地。

（四）抑扬顿挫

讲话时应注意音调的高低起伏，语调要婉转、抑扬顿挫有情感，令人愉快，以增强讲话效果，避免过于呆板的音调，这种音调往往不会得到预期的效果。

（五）吐字清晰

所谓清晰，是指吐字要清楚明晰，有正确的停顿和适当的节奏，讲话时应该尽力避免口吃、咬舌或吐字不清的毛病。口齿不清者，可以把讲话的速度尽量放慢，操之过急，往往会使口齿不清的毛病更突出，不要前言不搭后语，或者结结巴巴，使人听不明或弄不懂。

二、语言美的要求

（一）言之有礼

语言是思想的衣裳，它可以表现出一个人的高雅或粗俗。要使交往畅通无阻，就应得体地运用礼貌语言、谦词、雅语，这会让人感到"良言一句三冬暖""听君一席话，胜读十年书"，使人与人之间的感情很快地建立并融洽起来。如能讲究语言艺术，并能灵活巧妙地运用，即使出现意外，也可弥补不足，取得良好的效果。

（二）言之有理

"有礼走遍天下，无理寸步难行。"说话一定要和气。心态上保持心平气和，态度上和蔼可亲，语气上温和亲切，做到以理服人，不强词夺理，保持语言的纯洁性、亲切性。

（三）言之有诚

说话谦逊。尊重他人，不傲慢，不冷淡，不盛气凌人，不狂妄自大，不虚伪，不阿谀奉承，态度诚恳，语言朴实，虚心谦恭。

（四）言之有物

语言表述要简洁精练，在较短时间内传递较多有用的信息。语言还要力求通俗易懂，要顾及听者的接受能力。善于讲短话是能力和水平的体现。讲短话目的是要管用，要让听众听进去，受到启发和教益。

（五）言之得体

谈话时运用得体的语言，既能创造和谐的气氛，又能明确地表达自己的主张和观点，维护自己的立场。如周恩来在谈到中日关系时曾引用了一句中国的俗语："前事不忘，后事之师。"这既显得大度不失友好，又明确暗示了中日历史及未来的原则立场。

（六）言之有术

讲话要具有艺术性。做到讲话要有分寸，要能顾及他人的感受，不伤害他人，要把话说好，不追求华丽新奇、过分雕琢的语言。

（七）说好普通话

说好普通话，这是职业语言规范化的需要，是听、说双方思想交流的基础，是提高信息的效用的保证，有利于密切人际关系。讲好普通话，是职业人员必备的基本素养。

三、有效沟通技巧

【情境导入】

王爽在新居宴请大学同学。大家洗菜的洗菜，做饭的做饭，一会儿工夫，一桌丰盛的饭菜就做好了。同学们围桌纷纷落座。这时突然听到"咔嚓"一声，一位体重过重的同学压坏了椅子。王爽连忙拉过一把椅子，说："抱歉，换把椅子吧。"胖同学很是尴尬。这时，站在旁边的张畅笑着说："看来小港湾泊不下万吨巨轮啊，下次我请客的时候一定做一把铁皮椅子。"大家相视哈哈一笑，原本凝固的气氛立马活跃起来，连压垮椅子的那位同学也毫无芥蒂地笑了。

训练项目记录单

日期：_____ 班级：_____ 组别：_____

训练项目完成情况：

1. 根据情境，思考问题：

①分析一下王爽的话语，你能读出什么感觉？

我们的答案：

②张畅解围说明他的语言能力很强。分析一下他的沟通技巧。

我们的答案：

2. 实操任务：

设置场景，进行声调、音量、语气、语速训练。

自我评价：

小组小结：

【知识加油站】

一、有效沟通的语言

沟通是一门艺术，所谓"酒逢知己千杯少""听君一席话，胜读十年书"，这些都说明了愉快沟通带来的效果。

（一）适当运用问候与寒暄

问候和寒暄本身并不表示特定的内容和含义，但由于这些语言的交流，已经接通了与对方感情的热线（见图 3-1-3），让对方感到你很有礼貌，为正式交谈奠定了良好的基础。有些问候、寒暄语言必须注意环境和场合，还要注意不同的民族习惯，才能产生好的效果。

图 3-1-3

（二）选择正确的交谈话题

熟人之间，陌生人之间，选择有特点的话题，如"家乡"，可以"润物细无声"地进入目的性交谈。人生阅历不同的人，喜爱的话题，喜欢的口吻，惯用的语言不同，交谈时应有选择。通常在选择交谈主题时，多从以下这几个方面进行：

1. 既定的主题

既定的主题，即交谈双方业已约定，或者其中某一方先期准备好的主题。例如，求人帮助、征求意见、传递信息、讨论问题、研讨工作一类的交谈等，往往都属于主题既定的交谈。选择这类主题，最好双方商定，即使尚未商定，至少也要得到对方的认可，它适用于正式交谈。

2. 高雅的主题

高雅的主题，即内容文明优雅、格调高尚、脱俗的话题。例如，文学、艺术、哲学、历史、考古、地理、建筑等，都属于高雅的主题。它适用于各类交谈，忌讳不懂装懂或班门弄斧。

3. 轻松的主题

4. 擅长的主题

二、有效沟通的技巧

（一）知己知彼，百战不殆

如果提前对沟通者有一个深入的了解，在交谈的时候就更加简单、更加容易上手了。所以，如果有机会的话，最好将对方的基本情况摸清楚为好。

（二）要有耐心，懂得运用智慧

人际交往是一个十分依赖情商的活动，但是在与人沟通交流的过程中，对智商也是有相当高的要求的。对于对方提出的问题,要懂得巧妙而又不失礼貌的回答。

(三) 充满自信

与人交流的过程中,要从字里行间体现出自己的自信。当别人感受到你的自信的时候,事情就基本上谈成一半了。

(四) 学会恭维别人

在交流的过程中观察对方的言行和打扮,对于对方比较突出的特点要懂得恭维,比如漂亮的人,要将其比作明星;帅气的人,要将其比作是帅哥;文学底蕴深的人,要比作泰斗。

图 3-1-4

(五) 懂得服软

如果与你沟通的人是相对强势的人,要学会以柔克刚,慢慢说服他。一个比较强势的人,在交流的过程中很可能会咄咄逼人。这时候要懂得服软,不要跟他针锋相对。

(六) 直截了当,开门见山

与人交流虽然需要有前期的铺垫,但是铺垫的时间也不要过长,否则就会偏离主题。最好稍做铺垫以后,直奔主题,提高效率。

(七) 不带情绪沟通

与人交流沟通的时候,切忌带着情绪,尤其是负面情绪。要想与人有效沟通,就得先把自己的情绪控制好,不要出现任何情绪性的动作。

(八) 学会倾听

古语道:"愚者善说,智者善听。"一个好的谈话者就是一个好的倾听者,善听的人不仅能得到朋友的信任,而且容易受到器重。马克·吐温说:"获得知心朋友最有效的方法是,尽量倾听说话者嘴里说得最多的话,而不加以反驳。"

图 3-1-5

（九）勇敢承认错误

在交流过程中，如果自己出现问题，或者提出的看法不合理，要主动向对方提出抱歉，勇敢地承认自己的错误，比如说"我错了，是我考虑不周"等这类话，效果都很不错的。

（十）言谈举止要有礼貌

与人说话要注意自己的言行，不带脏字，不谈论别人的伤心事，同一话题不要讲太久。所谓君子有礼，要想跟别人有效地进行交谈，就要学会有礼貌地与人相处，让别人对你产生好感。

三、沟通忌讳

我国是一个有悠久历史的大国，礼仪多，"忌讳"也多。如果不注意，不避忌讳，即使不是故意说的，也容易使人伤感，影响到社交的效果。

（1）不得非议党和政府。商务人员要在思想、行动上时刻与党和政府保持一致。爱国守法是每个公民的基本职业规范。

（2）言谈中，淫词秽语、不健康的口头禅更应禁忌。

（3）见到年轻女人，一般不问年龄、婚否，或径直询问别人的履历、工资收入、家庭财产等私生活方面的问题，那样容易使人反感。

（4）切莫对心情惆怅的人说得意话、讲得意事。若对方曾犯过错误或有某种缺陷，言谈时要避免刺激性的话语。

（5）对别人不愿回答的问题不要追问，不要刨根问底，如果一旦触及，应立即表示歉意，巧妙地转移话题。

（6）交谈时忌打断对方，忌补充对方，忌纠正对方，忌质疑对方。

【练兵场】

一、单项选择题

1. 以下哪个不是交谈中宜选的话题?（ ）
   A. 格调高雅的话题　　　　B. 凶恶、疾病话题
   C. 对方擅长的话题　　　　D. 时尚流行的话题
2. 商务交谈中哪些个人隐私不适合问?（ ）
   A. 收入　　　B. 年龄　　　C. 婚否　　　D. 以上都包括
3. 在交谈过程中，要想让对方充分领会你所表达的意思，应该（ ）。
   A. 发音标准，不说方言　　　　B. 语速适度，快慢适中
   C. 口气谦和，忌盛气凌人　　　D. 以上都包括
4. 要在商务活动中脱颖而出，选择适宜的主题十分的重要，那么最好选择（ ）。
   A. 高雅的主题　　B. 轻松的主题　　C. 擅长的主题　　D. 既定的主题
5. 沟通是一项很有技巧的商务活动形式，它对商务活动有很大的促进作用，因此在商务活动中，应该（ ）。
   A. 充分发挥能力，滔滔不绝
   B. 交谈中多向对方提问，越多越好，越彻底越好，以获得更多的商务信息
   C. 在交谈中应表情自然，语气和蔼可亲，要注意避讳一些问题
   D. 虽是闲谈，也不能幽默、抬杠或是争执

二、自我评价指标

评价内容	规范要求	分值/分	评分/分
沟通礼仪	声音表现力	10	
	态度坦诚	10	
	话题适宜	20	
	语言礼貌、幽默得体	20	
	尊重别人	20	
	善于运用交谈技巧	20	

注：考评满分为100分，60分以下不及格，60~69分及格，70~79分中等，80~89分良好，90分以上优秀。

任务二 掌握商务拜访与接待礼仪

知识目标

1. 懂得商务拜访与接待礼仪的规范和要求。
2. 熟练运用商务拜访与接待的礼仪技能。

能力目标

能运用到实践工作中,做好商务拜访和接待的工作。

一、商务拜访礼仪

【情境导入】

上午8:00整,张畅(男)和王爽(女)开始忙碌了,新的工作不断加入。

情境1:经理告诉张畅和王爽,下午要带他们去拜访一位客户,让他们打电话预约并做好相关的准备工作。张畅立刻打开电脑,上网查询了"商务拜访礼仪"。

情境2:当张畅、王爽和经理到达客户公司会议室后,王爽站在经理身后,想着如何做才能给客户留下良好的第一印象。她认真地观察经理与同事的一言一行。

训练项目记录单		
日期：_____	班级：_____	组别：_____

训练项目完成情况：

1. 根据情境，思考问题：

①请你说一说，如果张畅去拜访客户，他应该注意些什么？

我们的答案：

②商务人员去拜访客户，与客户见面之初有哪些环节？

我们的答案：

2. 实操任务：

（1）请罗列一张清单，写出张畅、王爽去拜访客户前要做哪些准备工作。

自我评价：

（2）请你设计一下张畅、王爽去拜访客户的场景，并完成称呼、介绍、握手和递名片的环节。

自我评价：

小组小结：

【知识加油站】

一、商务拜访的程序

在商务交往过程中，相互拜访是经常的事。如果懂得商务拜访礼仪，无疑会为拜访活动增添色彩。商务拜访是当今最流行的一种办公形式，也是对礼仪要求最多的活动之一。

掌握上述礼仪要领，将有助于你的商务工作顺利进行。

（一）拜访前的准备

1. 明确目的

拜访必须明确目的，没有目的的突然拜访有时会令对方尴尬，所以出发前对此次拜访要解决的问题应做到心中有数。商务拜访是商务交往的一种重要形式，商务拜访的目的是加强商务联系、购销商品等。例如，你需要什么、你需要对方为你解决什么、你对对方提出什么要求、最终你要得到什么样的结果等，这些问题的相关资料都要准备好，以防万一。

2. 提前预约

拜访之前必须提前预约，这是最基本的礼仪。一般情况下，应提前三天给拜访者打电话，简单说明拜访的原因和目的，确定拜访的时间，经过对方同意才能前往。也可以提前发出拜访函，邀约拜访的时间及地点。

3. 约定时间和地点

约定时间和地点尤为重要，一个好的环境会让谈话双方感觉很舒服，从而促进拜访谈话的顺利进行。不论因公还是因私而访，都要事前与被访者进行电话联系，说明拜访的目的、提出访问的内容，使对方有所准备，询问是否有时间或何时有时间。在对方同意的情况下确定具体的时间、地点。不要在客户刚上班、快下班、异常繁忙、正在开重要会议时去拜访，不要在客户休息和用餐时间去拜访。

4. 注意形象

一个人的形象在拜访中显得尤为重要，那是身份与性格的象征。你可以不漂亮，但是一定要整洁。肮脏、邋遢、不得体的仪表，是对被拜访者的轻视。被拜访者会认为你不把他放在眼里，对拜访效果有直接影响。一般情况下，登门拜访时女士应着深色套裙、中跟浅口深色皮鞋配肉色丝袜；男士最好选择深色西装配素雅的领带，外加黑色皮鞋、深色袜子。无论是初次拜访还是再次拜访，礼物都不能少。礼物可以起到联络双方感情、缓和紧张气氛的作用，所以在礼物的选择上要下一番功夫。既然要送礼就要送到对方的心坎里，了解对方的兴趣、爱好及品位，有针对性地选择礼物，尽量让对方感到满意。

5. 物品齐备

（1）熟悉拜访对象的性格以及所在公司的基本资料

熟悉对方的性格在谈话中是尤为重要的，能使谈话朝着有利于己方的方向发展。在赴约前，如果是进行商务谈判，你需要对对方的公司有一定的了解，熟悉其基本情况，做到心中有数。

（2）准备拜访时可能用到的资料

在商务拜访中不但要熟悉对方的情况，还要准备符合自己拜访目的的资料。例如，如果商务拜访的目的是在对方的公司进行商品采购，就需要准备相关的合同等。

（3）检查各项携带物是否齐备

在出发前一定要检查所带的东西是否齐备，包括名片、笔、记录本、电话本、磁卡或现金、计算器、公司和产品介绍、合同等。

（4）明确谈话主题、思路

在出发前，脑海中一定要仔细想一想谈话的思路，预测一下谈话的过程，必要时可预先做好谈话提纲。

（5）算好路线和时间

要提前算好时间和路线，确认谈话的地点，有几条路线可以到达，每条路线到达所用的时间是多少，有没有最短路线，要确保提前5~10分钟到达。

（二）拜访中的礼节

1. 守时践约

这不仅是为了讲究个人信用，提高办事效率，而且也是对交往对象尊重、友好的表现。在出发前最好与客户通电话确认一下，以防临时发生变化；如果对方临时有事，切忌与对方争执，这样对双方都没有好处。如果拜访可以如约进行，就要在算好的时间内出发，按照提前规划的时间到达。拜访他人可以早到却不能迟到，这是一般的常识，也是拜访活动中最基本的礼仪之一。早些到可以借宽裕的时间整理拜访时需要用到的资料，并整点出现在约定好的地点。而迟到则是失礼的表现，不但是对被拜访者的不敬，也是对工作不负责任的表现，被拜访者会对你产生看法。

如因故不能赴约，更要及时通知对方，以便对方及时调整工作安排，同时向对方说明原因并道歉，请求谅解，必要的话还可以将拜访另行改期。不要若无其事，让对方空等。下次与对方见面时，最好再次表示歉意。登门拜访时，最好准时到达，既不要早到，让对方措手不及，也不要迟到，令对方望眼欲穿。在对外交往中，更应严格遵守时间，有的国外企业安排拜访时间是以分为计算单位，如拜访者迟到10分钟，对方就会谢绝拜会。准时赴约是国际交往的基本要求。

2. 进行通报

抵达约定地点后，未与拜访对象直接见面，或是对方没有派人在此迎候，则在进入对方的办公室或私人居所的正门之前，有必要先向对方通报一下，得到主人允许后再推门进入。若企业有接待处，要向接待人员或秘书通报，告诉接待员你的名字和约见的时间，并递上名片，由其安排见面，然后从容地等待接待员将自己引到会客室或受访者的办公室。如果是雨天，不要将雨具带入办公室。在会客室等候时，不要看无关的资料。接待员奉茶时，要表示谢意。等候超过一刻钟，可向接待员询问有关情况，如受访者实在脱不开身，则留下自己的名片和相关资料，请接待人员转交。

3. 恰当敲门

进入办公室或寓所前,应轻轻叩门或按门铃,待有回音或有人开门相让,方可进入。敲门的高度应当在距离地面1.6米左右,要用食指敲门,力度适中,间隔有序,敲三下,等待回音。如无应声,可稍加力度,再敲三下。如有应声,则侧身隐立于右门框一侧,待门开时再向前迈半步,与主人相对。如果门口装有门铃,应当按门铃而不要敲门。开关门时注意不要用力过猛,以免引起他人不悦。

4. 举止得体

当主人开门迎客时,务必主动、热情地向对方问好,行见面礼。如果是初次见面,还应清楚、简洁地做自我介绍。如恰巧有其他客人在场,还应在主人的介绍下,行点头礼或握手礼,顺序上要合乎礼仪惯例,并简单地和对方寒暄几句。行见面礼后,在主人的引导下进入指定房间,切勿擅自闯入。就座时,要与主人同时入座。如果是年长者或上级,主人不坐,自己不能先坐。主人递上烟茶要双手接过并表示谢意。如果主人没有吸烟的习惯,要克制自己的烟瘾,尽量不吸,以示对主人习惯的尊重。即使在最熟悉的朋友家里,举止也不要过于随便。

5. 言谈有礼

与人交谈,要在谦恭有礼的前提下注意谈话技巧。若讲话让对方听得很舒服,那么他谈话的欲望就会比较高;如果对对方言谈无礼或是说话空洞无味,对方就会产生厌烦心理,提早结束谈话。拜访时,双方会适当寒暄几句。通常由主人主动寒暄,时间三五分钟就可以了,不可过长。交谈时要注意倾听对方谈话的内容,注意对方情绪和周围环境的变化,并注意回应。对方发表自己的观点时,应认真倾听,并适当插话或附和,不要用争辩和补充说明打断对方谈话;不要自己谈得太多,应注意留有对方插话或发表意见和建议的时间与机会。作为拜访者,过多闲谈是不礼貌的,相关的谈话内容说清楚就可以了,不要过多重复。

6. 避免干扰

在拜访的时候,应尽量不要接听或拨打电话,最好将手机等通信设备设置成振动或关闭,以免影响交谈的效果。如果确有要事需要使用通信工具,应先征求主人的同意后再接听;如果主人接听电话,应请示主人自己是否需要回避。

(三) 结束拜访

在商务拜访过程中,时间为第一要素,拜访时间不宜拖得太长,否则会影响对方对其他工作的安排。如果双方在拜访前已经设定了拜访时间,则必须把握好已规定的时间。如果没有对时间做具体要求,一般情况下,如果是初次拜访,应控制在一刻钟至半小时之内。最长的拜访时间也不宜超过两个小时。有些重要的拜访往往需要宾主双方提前议定拜访的时间和时间长度,绝不可单方面延长拜访时间。

结束谈话时要根据对方的反应和态度来确定告辞的时机。在交谈过程中,如果发现主人心不在焉,有厌倦情绪,经常看时间、蹙眉或有急事想办又不好意思说出时,拜访者应该及时收住话题,适时起身告辞。一旦提出告辞,便要"言必信、行必果",不要"走了"说几遍,却只动口不移身。辞行时既要道别又要感谢主人的热情款待。出门以后,应与主人握手作别,并请主人就此留步。如有意邀请主人回访,可在同主人握别时提出邀请。待主人留步后,走几步再回首并挥手致意。从对方的寓所或公司出来后,切勿在回程的电梯及走廊中窃窃私语,以免被人误解。

二、商务拜访的礼仪要求

在商业交往中,称呼起着十分重要的作用,正确地称呼别人,是商业交往顺利进行的第一步,是成功交往的"敲门砖"。

(一)称呼礼仪

1. 常见的称呼

通常,称呼可分为职务性称呼、职称性称呼、行业性称呼、姓名性称呼、性别性称呼五种。商务人员应根据具体情况选择合适的称呼。

(1)职务性称呼

即以交往对象的职务相称,以表示对其敬意有加。职务性称呼可分为以下三种形式:

第一,仅称职务,如"局长""经理"等。

第二,在职务前加上姓氏,如"刘经理""王董事长"等。

第三,在职务前加上姓名,如刘强经理、王强董事长等(这种称呼仅适用于比较正式的场合)。

(2)职称性称呼

即对于具有职称的人,特别是具有高级或中级职称的人,直接称呼对方的职称。职称性称呼也可分为以下三种形式:

第一,仅称职称,如"医师"等。

第二,在职称前面加上姓氏,如"甘教授""周工程师"等。

第三,在职称前面加上姓名,如"李丽教授""周波工程师"等(此称呼也只适用于比较正式的场合)。

(3)行业性称呼

即对于从事某种特定行业的人,直接称呼其职业,如将警察称为"警官",将医师称为"医生",将会计师称为"会计"等。一般情况下,可在此类称呼前加上被称呼者的姓氏或者姓名。

（4）姓名性称呼

即直接称呼交往对象的姓名。姓名性称呼可分为以下三种形式：

第一，直呼对方姓名，常用于平级的同事之间。

第二，只称其姓，不呼其名，且往往在姓的前面加上"老""大"或"小"。

第三，直呼其名，不称其姓，这种称呼方式通常限于同性之间，且常用于上级称呼下级。

（5）性别性称呼

即称男性为"先生"，称女性为"小姐"或"女士"。其中，对于未婚女性应称"小姐"，对于不了解其婚否的女性则称"女士"。在国际交往中，通常还可称已婚女性为"夫人"。由于社会上把一些从事不良行业的女子称为"小姐"，因而"小姐"这一称呼的含义有所变化。年轻女性一般不喜欢这一称呼，因此，应慎用"小姐"这一称呼。

2. 选择正确称呼的原则

商务人员在称呼他人时应遵守有礼有序、入乡随俗的原则。

（1）有礼有序

称呼他人应当按照一定的顺序进行，通常的顺序是先职位高者后职位低者、先长辈后同辈、先陌生人后熟人。

（2）入乡随俗

由于称谓可能会因国情、民族、宗教、文化背景的不同而有所不同，因而，称呼他人时应当照顾被称呼者所在地的习俗。例如，对于德国人，初次见面一定要称呼其职衔等。

3. 称呼的禁忌

我们在使用称呼时，一定要避免下面几种失敬的做法：

（1）错误的称呼

常见的错误称呼是误读或是误会。误读也就是念错姓名，为了避免这种情况的发生，对于不认识的字事先要有所准备；如果是临时遇到，就要谦虚请教。误会，主要是对被称呼者的年纪、辈分、婚否以及与其他人的关系做出了错误判断，如将未婚女性称为"夫人"，就属于误会。

（2）不当的称呼

刚刚相识的人，彼此称兄道弟、称姐道妹是不妥的，有套近乎之嫌。另外，工人可以称为"师傅"，道士、和尚、尼姑可以称为"出家人"。但如果用这些来称呼其他人则不妥。

（3）不雅的称呼

对于关系一般者，切勿自作主张给对方起绰号，更不能随意以道听途说来的绰号去称呼对方。对于一些对对方具有侮辱性质的绰号，如"鬼子""秃子""傻大个""猪头"等，则更应避免。

(4) 无称呼

如某人问路，见一位老者，张口就是"哎，××路怎么走"，估计是得不到对方的回答的。使用"哎""喂"来代替称呼，是很不礼貌的行为。

(二) 介绍礼仪

介绍是指向交谈的对象说明自己或他人的情况，使原本不认识的人相互认识。介绍可分为自我介绍、为他人介绍、集体介绍。

1. 自我介绍

自我介绍是指将自己介绍给交往对象。合乎礼仪的自我介绍有利于展示、宣传自我，并给他人留下良好的印象。一般情况下，要想掌握好介绍的艺术，必须注意以下几个方面的问题。

(1) 自我介绍的时机

要想使自我介绍能够给对方留下深刻的印象，应首先考虑当时的特定场合，若是对方正忙于工作，或是正与他人交谈，或大家的精力集中在某人或某件事情上的时候，作自我介绍有可能打断对方，效果一定不会太好。若发现对方心情欠佳或疲惫不堪时，也不要上前打扰，如果对方正在一个人独处或在轻松愉快的情况下，把自己介绍给对方，肯定会获得良好的效果。

(2) 自我介绍的方式

自我介绍的方式一般包括以下几种：

第一，工作式。工作式的自我介绍主要适用于工作场合，其内容包括本人姓名、供职的单位及其部门、担任的职务或从事的具体工作等。例如："您好，我叫王××，是香格里拉酒店营销部的经理。"

第二，礼仪式。礼仪式的自我介绍一般适用于讲座、报告、演出、庆典、仪式等一些正规而隆重的场合，其内容主要包括姓名、单位、职务等。此外，还包括一些谦辞、敬语，以示自己礼待交往对象。例如："尊敬的各位来宾、各位领导，大家好！我是张××，是通达物流公司的总经理。现在我代表我们公司热烈欢迎各位光临我们的开业仪式现场，谢谢大家的支持。"

(3) 自我介绍需要注意的问题

自我介绍作为一种推销自身形象和价值的方法手段，在施行时需注意以下几个问题。

第一，注意时间。要抓住时机，在适当的场合进行自我介绍，要趁对方有空闲，而且情绪较好，又有兴趣时，这样就不会打扰到对方。自我介绍时应根据实际需要、交往目的来决定介绍的繁简，一般而言要简洁。为了节省时间，作自我介绍时，还可利用名片、介绍信加以辅助。

第二，讲究态度。进行自我介绍时，态度一定要自然、友善、亲切、随和，应落落大方、彬彬有礼。如果自我介绍模糊不清、含糊其词，自己流露出羞怯自卑的心理，且体态语言使用不当，会使人感觉你不能把握自己，因而也会影响彼此间的进一步沟通。

第三，真实诚恳。进行自我介绍要实事求是、真实可信，不可自吹自擂、夸大其词。自我评价一般不宜用"最""第一"等表示极端赞颂的词，也不必有意贬低，关键在于把握分寸。

第四，注意顺序。跟外人打交道时，介绍的标准化顺序，一般是所谓的位低者先行，即地位低的人先作介绍。

2. 为他人介绍

介绍他人是指作为第三方为彼此不相识的双方引荐。其中，被引荐的双方为被介绍人，介绍他人的人为介绍人。介绍人通常由商务活动中的东道主、身份较高的人士、礼仪专职人员担任。在为他人作介绍时，不仅要熟悉双方的情况，而且还要特别注意介绍的礼仪顺序、介绍的基本姿势和介绍的方式。

（1）介绍的顺序

第一，为双方介绍的顺序。

若被介绍的双方都是个人，则介绍的顺序为：先将男士介绍给女士，先将晚辈介绍给长辈，先将职位低者介绍给职位高者，先将后到者介绍给先到者。

第二，为集体介绍的顺序。

若被介绍的其中一方人数众多，则一般应按照职位高低的顺序依次介绍贵宾，按照座位顺序、顺时针或逆时针顺序依次介绍没有明显的职位高低之分或长幼之分的人，切勿"跳跃式"地进行，以免显得厚此薄彼。

（2）介绍的基本姿势

在介绍他人前，介绍人首先应当征求被介绍双方的意见，经被介绍人应允后，介绍人即可上前介绍。介绍时，介绍人应站在被介绍双方的中间，面带微笑，抬起右臂，掌心向上，四指并拢，拇指张开，指向被介绍的一方，眼睛注视另一方，然后开始介绍。例如："张董事长，请允许我介绍一下，这位是我们公司的财务部经理李明。"介绍完一方后，再按同样的方法介绍另外一方。具体姿势如图3-2-1所示。

图3-2-1　介绍的基本姿势

（3）介绍的方式

根据不同的实际情况和需要，为他人介绍时的方式也有所不同。一般来说，有以下几种情况。

第一，简介式。

简介式适用于一般社交场合，内容只有双方姓名一项，有时只提到双方姓氏。例如："我来介绍一下，这位是张教授，这位是刘教授，你们认识一下吧。"

第二，标准式。

标准式介绍适用于正式场合，内容以双方的姓名、单位、职务等为主。例如："我来为两位引见一下。这位是通达服装公司销售部经理李××小姐，这位是天乐云文化传播有限公司总经理林××先生。"

第三，强调式。

强调式介绍除了介绍被介绍者的姓名外，往往还会刻意强调一下其中一位被介绍者与介绍者之间的特殊关系，以便引起对方的重视。例如："这位是我的女儿刘××，请杨总多多关照。"

第四，引见式。

引见式介绍适用于普通的场合，介绍者所要做的是将被介绍的双方引到一起即可。例如：在单位联谊会上，主人可以这样说："大家都是单位的职工，但有的不在一个部门，请大家相互认识一下吧。"

第五，推荐式。

推荐式介绍适用于比较正规的场合，介绍者是经过精心准备而来的，目的是将某人举荐给他人，介绍时通常会对前者的优点加以重点介绍。例如："这位是王××先生，他是一位出色的企业管理人才，对企业管理很有研究，李总，你们细谈吧！"

（4）为他人介绍时的注意事项

第一，介绍人应当清晰、准确、完整地表述被介绍人的身份和姓名，而不可含糊其词，如将讲师介绍成教授、将副厂长介绍成厂长等。

第二，为他人介绍的时间应当控制在两分钟以内，切勿滔滔不绝。

第三，介绍人在作介绍时应当热情友好，不要给人一种敷衍了事的感觉。

第四，介绍人作介绍的时间和态度应当平等、均衡，不可厚此薄彼。

第五，被介绍时，被介绍人一般都应起立，以示尊重。若确实不便起立，则应向对方点头致意或举起右手致意。

第六，介绍完毕后，被介绍双方应礼貌握手，并使用"您好""很高兴认识您""认识您非常荣幸"等语句相互问候。

3. 集体介绍

集体介绍分为两种情况，一种是集体和集体，另一种是个人和集体。两方都是集体的话，一般要把地位低的一方先介绍给地位高的一方。所谓地位低的一方一般都是东道主，地位高的一方则是客人。若是集体与个人时,则是先把个人介绍给集体。因为个人比集体少,所以其地位低,这是一个比较常规的规则。

(三) 握手礼仪

握手是商务场合的一种重要礼节,它可以传达理解、信任、尊敬、祝贺、鼓励、感谢、致歉、惜别等感情。在商务场合正确地与人握手,能够促进商务活动的顺利开展。

1. 握手的场合

在商务场合的以下情况中需要与对方施握手礼:迎接客人来到时;送别客人时;久别重逢时;遇见熟人时;被相互介绍时;拜访告辞时;别人向自己祝贺、送上贺礼时;拜托别人帮助自己时;对别人表示理解、支持或安慰某人时;表示感谢、恭喜、祝贺时。

2. 握手的顺序

握手时,讲究伸手的先后顺序。一般而言,商务场合的握手顺序主要取决于性别、职位身份,遵循"尊者为先"的原则,具体规则如下。

(1) 女士优先。女士先伸出手,男士才能伸手与之相握。

(2) 职位高者优先。职位高者先伸出手后,职位低者才可伸手相握。

(3) 迎送客时先分前后。迎客时,主人应该先伸出手,主动与客人握手,以表示欢迎;送客时,主人不可主动握手,而应待客人伸手握别时才可与之握手,否则会有逐客之嫌。

(4) 先到者优先。先到者与后到者握手时,应由先到者先伸出手。

3. 握手的姿势

握手的姿势如下:距离对方约一步(1米左右),双足立正,上身略微前倾,向对方伸出右手,四指并拢、拇指张开,与对方的手相握,礼毕后松开。为了表示真诚和热烈,可以握住对方的手上下轻轻摇晃几下。具体姿势如图3-2-2所示。

图3-2-2 握手的姿势

4. 握手的要领

在商务场合握手时,除了姿势正确外,还应把握以下三方面要领。

(1) 神态

握手的时候应当带微笑地注视对方的眼睛,并表现得专注、热情、友好而自然。

(2) 力度

握手的力度应当适中,令对方感到坚定、有力即可,不可过小或过大。若力度过小,则会让对方感觉自己被敷衍;若力度过大,则会让对方感受到粗鲁。

(3) 时间

握手的时间通常以 3~5 秒为宜,不可过短或过长。若时间过短,则表明双方完全出于应酬或没有进一步加深交往的意向;时间过长(尤其是第一次见面时),则显得自己不懂礼仪。

5. 握手的禁忌

(1) 忌与异性用双手握手。

(2) 忌用左手握手。

(3) 忌交叉握手。

(4) 忌出手太慢。

(5) 忌在对方无意的情况下强行与其握手。

(6) 忌戴手套与他人握手,如果女士戴有装饰性的手套则可以不摘。

(7) 忌在手上不干净时与他人握手。此时,可以礼貌地向对方说明情况并表示歉意。

(8) 忌握手后立刻用纸巾或手帕擦手。

(9) 忌握手时戴着墨镜,患有眼疾或眼部有缺陷者例外。

(10) 忌在握手时将另外一只手插在口袋里。

(11) 忌在握手时长篇大论、点头哈腰、滥用热情,显得过分客套。

(12) 忌在握手时把对方的手拉过来、推过去,或者上下、左右抖个没完。

(13) 忌拒绝与对方握手。即便对方没有顾及礼仪次序,也要宽容地与对方握手。

(四) 名片礼仪

名片是人们用来交际或送他人做纪念的一种具有介绍性的媒介物,是一个人的身份、地位的象征,是一个人的尊严、价值的一种外显方式,也是使用者要求社会认同、获得社会理解与尊重的一种方式。

名片的用途有:介绍自身、维系联系、显示个性、拜会他人、馈赠附名、代替请柬、喜庆告友、祝贺升迁。

1. 如何交换名片

(1) 交换名片的时机

第一,交谈开始前。

第二,交谈融洽时。

第三,握手告别时。

(2) 递送名片

第一，自己的名片应放在名片夹中，装在西服的内袋或公文包的外侧袋里，方便取出。

第二，自己要递出的名片与收到的他人名片要尽量分开放置，以免使用时错拿他人的名片。

第三，递出的名片应干净、平整，不可有皱折、破损、污渍，最好不要有涂改之处。

第四，遵循"先客后主，先低后高"的原则，即地位低者先把名片递给地位高者，年轻的先把名片递给年老的，客人先把名片递给主人。

第五，名片最好用双手郑重地递给对方。除非是对有"左手忌"的国家（如印度、缅甸、泰国、马来西亚及阿拉伯国家的许多地区，他们传统地认为左手是肮脏的）来客要仅用右手递送名片。

第六，递出名片时，应立正，面向对方，双手执名片两角，要使文字的下面朝向对方，方便对方阅读。

第七，双方同时递接名片时，应当用右手递出，左手接回。

第八，有时向多人递送名片时，可按照"由尊而卑，由近而远"的顺序依次递送。不要"跳跃式"递送，否则会给人以厚此薄彼之感。

第九，用餐过程中，不要越过餐桌递送名片。

第十，递上名片后，还应该说："初次见面，请多指教""非常高兴认识你""希望今后保持联络"。

具体姿势如图3-2-3所示。

图3-2-3 递名片的姿势

(3) 接收名片

第一，接收他人的名片时，要及时起立，态度恭敬地用双手接过来。还应该说"谢谢""非常高兴认识你"。

第二，接收名片时，需要表示感谢，并立即阅读，以示尊重。

第三，遇不懂之处可立即请教对方。如果有不认识的字，要立刻问清楚，以免日后念错对方姓名或单位名称等，令对方不快。

第四，阅读完毕后可适当赞美，然后应将名片妥善收放。

第五，接收他人名片后，须把自己的名片回赠对方。如果未带，可跟对方解释。

第六，无论是自己的名片还是他人的名片，都不要拿在手里随意摆弄，更不要不小心掉在地上或沾染污渍。

第七，未经他人同意，不可在他人名片上随意书写。

具体姿势如图3-2-4所示。

图3-2-4 接收名片的姿势

2. 索要与拒绝索要名片

（1）如何索要名片

第一，交易法。主动递上自己的名片，"将欲取之，必先予之"，例如"吴经理，非常高兴认识您，这是我的名片，请您多指教。"

第二，明示法。向对方（同年龄、同级别、同职位）提议交换名片，例如："李经理，好久不见了，我们交换一下名片吧，这样联系更方便。"

第三，谦恭法。询问对方（向长辈、领导、上级），例如："汪老，您的报告对我启发很大，希望有机会向您请教，以后怎样向您请教比较方便呢？"

第四，暗示法。询问对方，例如"今后如何与你联系？"

（2）如何拒绝他人索要名片

第一，名片的确发完。以道歉的态度承诺改日补上，例如"抱歉，我的名片用完了，改日给你送去。"

第二，不想递交。以道歉的态度婉转拒绝，例如"对不起，我忘拿名片了。"

二、商务接待礼仪

【情境导入】

上午9：00整，张畅（男）和王爽（女）越发忙碌了，新的工作不断加入。

情境1：上午9：00整，客户王先生准时到达公司。张畅把客户王先生迎进了经理办公室，沏茶倒水一通忙碌。当他转身把经理办公室的门关上后，心里暗自得意，"今天我露脸了，经理肯定很满意"。张畅都做了哪些工作，使他对自己的表现很满意？

情境2：有一位国外客户下午就要到达机场，经理派王爽去接待他。她该怎样接待这位客户，才符合商务接待的礼仪规范呢？

训练项目记录单

日期：_____ 班级：_____ 组别：_____

训练项目完成情况：

1. 根据情境，思考问题：

①请你说一说，张畅接待到访客户时，他应该注意些什么？

我们的答案：

②王爽去接待远道而来的国外客户应该做好哪些准备工作？

我们的答案：

2. 实操任务：

（1）请你设计一下张畅接待到访客户的场景，并展现相关的礼仪环节。

自我评价：

（2）请罗列一张清单，写出王爽去接待远道而来的客户前要做哪些准备工作。

自我评价：

小组小结：

【知识加油站】

一、商务接待的程序

商务接待是人们交往的重要组成部分，由此引申出接待礼仪。掌握了商务接待礼仪，就相当于拿到了商务接待的通行证，使得在接待过程中游刃有余。商务交往活动中，接待是给客户留下第一印象的重要工作，为下一步深入交往打好基础。

（一）接待的原则和种类

1．接待的原则

（1）对等对应

在接待客户时，要根据对方的身份，兼顾对方来访的性质及双方的关系，安排接待的规格，以便使来宾得到与其身份相称的礼遇，从而促进双方关系的稳定发展。要根据来访者的身份安排相应级别的领导和人员接待；按来访者所在单位性质及来访内容，请相应的主管领导和职能部门接待。接待重要客人的领导或迎宾通常按约定时间在大楼入口处迎接，重要客人还应提前到机场迎接。

接待方在与来宾进行礼节性会晤或举行正式谈判时，必须使己方到场的人数与来宾的人数基本相等。同时，接待方在为来宾安排宴请活动或为其准备仪式时，应尽量使之在档次、规格等方面与来宾的身份相称，并符合客人的生活习惯，体现东道主对客人的关心与照顾。在接待外商时，更应注意这一点。某些特殊情况下，有的企业为了强调自己对宾、主双方特殊关系的重视以及对于来宾的敬重，特意打破常规，提高对来宾的接待规格，也是可行的，但不宜多用。

（2）不卑不亢

商务往来是为了寻求更密切的发展和获得更大的利润空间。在竞争日益激烈的情况下，寻找合适的合作伙伴尤为重要，但不可为了利益而丧失人格和尊严。无论对方是强是弱，应本着平等的原则进行交往。面对强者，妥协退让是难免的，但自己的根本利益是最后的底线；面对弱者，也不要以强凌弱。

（3）一视同仁

无论对方是否与自己有过交往，无论对方的规模与实力是否强大，不管对方来自何地，属于哪一个民族，生活习惯、宗教信仰是否与自己相同，作为合作方的客人，不能以任何理由对他们有所歧视，应平等对待、热情接待、笑脸相迎。

2．接待的种类

（1）视察、访问接待

这包括各级领导到本地区、本单位视察、检查、访问、指导工作时的接待。领导视察、访问人数有多有少，有时轻车简从，只带一两个工作人员，有时规模较庞大；访问时间也有长有短,短则一天半日,长则十天半月;领导的任务也不一,可以是听取报告、听取意见、检查工作,也可以是了解情况、调查研究。因此,这类接待工作情况复杂,任务重、责任大,需要根据不同情况,做出妥善安排。

(2) 业务往来接待

与本企业有商务交往的单位之间的业务往来,包括商品流通交往过程中的交流、沟通、洽谈等接待工作的好坏,直接影响彼此交往合作的顺利与否,也直接关系到企业的经济效益。所以,业务往来接待是接待工作的重点,接待中相关工作人员要注重交往中的各项礼节,以赢得日后合作的主动权。

(3) 顾客投诉接待

接待顾客的投诉,是商业企业特别是零售企业经常遇到的问题。投诉的主要原因有两方面:一是产品质量,二是服务态度。对于接待人员的要求是:以热情的态度、温和的方式、委婉的语气来安抚客人的情绪,认真倾听投诉者的倾诉,问题核实后应尽快给予满意的解决方案。

(4) 商务宣传活动接待

企业为与大众沟通、树立形象而进行的宣传,包括新闻发布会、贸易展览会、茶话会、开业庆典等商务宣传活动在企业的商业营销和业务交往中发挥着重大的作用,既有较强的说服力和感染力,又可以帮助主办单位结交更多的朋友,还可以借助各种传媒主办单位的信息大力宣传企业,提升企业知名度和美誉度。因此,主办单位在接待各方来宾时,要时时注意礼仪规范,从而塑造良好的企业形象。

(二) 接待的程序

1. 接待前的准备

(1) 了解客人基本情况

对前来访问、洽谈业务、参加会议的外国、外地客人,应首先了解对方到达的车次、航班,了解来宾特别是主宾的个人简况。在了解对方基本人数时,不仅务求准确无误,而且应着重了解对方由何人负责、来宾中有几对夫妇等。同时,还要了解来宾有无曾经来访的记录,尽量与之前的来访接待规格保持一致;还要了解客人来访的意图、要求以及在仪式和日程安排上的计划;还要了解客人的来访路线、抵达和离开的具体时间。

(2) 制定接待方案

了解客人的基本情况后,应及时向主管领导汇报,以确定接待规格,并通知有关部门及相关人员。接待一般客人,可根据惯例直接接待。但接待重要客人和高级团体,就要事先制定接待方案。方案大致包括以下几点内容:

第一,按照访客的基本情况,决定接待人员的分组,详细地列出陪同人员及迎送人员名单。

第二，准备好交通工具。

第三，制定出接待过程中的活动方式及日程安排。

（3）布置接待环境

良好的接待环境能体现对来宾的尊重与礼貌。在客人到来前，按照客人的民族习惯、兴趣爱好安排食宿，以交通便利、吃住方便为原则。值得注意的是，为客人准备的住宿必须整洁、安静。接待室应该明亮、安静、整洁，还应配置沙发、茶几、衣架、电话、电脑等，以便客人进行谈话和通信联系。同时室内应适当点缀一些花卉、字画，还可以放置一些报刊和有关本单位或公司的宣传材料，以供客人翻阅。

2. 正式接待

（1）迎客

对于如约而来的客人，要表示热情、友好。对贵客或远道而来的客人，要指派专人出面，提前到达双方约定的地点（或适当的地点），恭候客人的到来。接待人员要提前到达机场、码头或车站，以示对客人的尊重。客人抵达后，若宾主双方早就认识，双方直接行见面礼。若是初次见面，一般由礼宾人员或我方迎接人员中身份最高者先将己方迎接人员一一介绍给客人，再由客人中身份最高者将客人按照一定顺序介绍给主人。对于来自本地的客人，一般应提前在单位大门口或办公楼下迎候客人。

（2）待客

随着市场经济的蓬勃发展，彼此往来的商务活动日益频繁，接待工作越来越规范。要文明待客、礼貌待客、热情待客。接待工作在礼仪方面应做到严谨、热情、周到、细致。

第一，安顿客人。

客人抵达后，不宜立即谈公事，一路奔波自然已疲惫，此时谈公事未免有些不敬。最好先将其安顿在待客厅或会议室休息，并端上茶水或饮料等，然后告诉客人就餐地点、时间，并将自己的联系方式留下，以便及时联络，而后给客人留下充足的休息时间和空间。

第二，协商日程。

进一步了解客人的意图和要求，共同商议活动的内容和具体日程。如有变化，及时通知有关部门以便进行准备工作。

第三，组织活动。

客人食宿问题解决后，应该按照接待方案组织客人参与一系列活动，如商务洽谈、参观游览等。客人在商务洽谈、游览活动中所提出的意见必须及时向有关领导反馈，尽可能满足客人的需求。活动结束后，安排时间让有关领导和客人见面，以示对客人的尊敬。倘若在整个活动过程中客人都没有见过公司领导，必然对公司产生看法，影响公司的形象。

第四，安排返程。

如果客人要走，则应按照客人的要求，为其安排返程时间，尽快为其预订机票、车、船票，安排专门人员和车辆为客人送行。

（3）送客

送客的基本原则是：送到客人离开视线为止。送客时要提醒客人携带随身物品，说些客气的话，使客人愉快离去。和上司一起送客，要比上司稍后一步。

第一，主客之间的告别语。

客人向主人告别时，常伴以"请回""请留步"等语言，主人则以"慢走""恕不相送"等语回应。如果客人是远行，可说"祝你一路顺风""一路平安""代问××好"等告别语。

第二，熟人之间的告别语。

可说"有空再来""有时间来坐坐""有空来喝茶"等，也可说"代问家人好"等礼貌用语。

二、商务接待的礼仪要求

（一）接待规格礼仪要求

商务接待规格是以陪同领导的角度而言的。接待规格过高，影响领导的正常工作；接待规格过低，影响上下级的关系。根据来客的情况和本单位的情况，接待可以采取三种不同的规格：

如果是上级领导派一般工作人员前来口授意见或兄弟单位领导派人来商谈要事，或下级因重要事宜来访，应尽量采取高规格接待，陪同人员的职务要比客人的高；遇到上级领导来本地了解情况、老干部或上级领导路过本地或是外地学习参观团前来等，往往只要安排好食宿或调查研究的对象就行，本地领导出面陪坐一次就行了，陪同任务主要由有关工作人员完成；最普遍的还是对等对待，也就是陪同人员和客人职务、级别基本一样。

（二）引导的礼仪要求

1. 在走廊的引导方法

接待人员在客人两三步之前，配合步调，让客人走在内侧。

2. 在楼梯的引导方法

引导客人上楼时，应该让客人走在前面，接待人员走在后面；若是下楼，接待人员应该走在前面，客人走在后面。上下楼梯时，接待人员应该注意客人的安全。

3. 乘电梯的引导方法

接待人员先进入电梯，等客人进入后关闭电梯门。到达时，接待人员按"开"的按钮，让客人先走出电梯。

4. 客厅的引导方法

当客人走入客厅，接待人员用手指示，请客人坐下。看到客人坐下后，才能行点头礼后离开。如客人错坐下座,应请客人改坐上座(一般靠近门的一方为下座)。

(三)乘车礼仪要求

1. 上下车的礼仪

乘坐轿车时,应请位尊者最先上车,最后下车。但为了上车的方便,后排中座的人应比后排左座的人先上。

上车时,接待人员应先打开车门,用手遮挡车门的上边框,防止客人出现碰撞的情况。等客人上车坐稳后,再轻轻关上车门,切忌过于用力。下车时,接待人员应首先下车,打开车门,然后请客人下车。

上车时一般采用"背入式",背对车门,臀部先坐下,上身和头部再进入车内,最后再将双腿并拢收进车内。下车时采用"正出式",即正面朝向车门,双腿先伸出车外,踩稳后弯腰将上身探出车外,再站起。具体姿势如图 3-2-5 所示。

图 3-2-5　上下车姿势

2. 乘车座次

专职司机驾车时,后排右座是上座,这便于乘车人上下车方便;左座次之,中间座位再次之,副驾驶座位为末席。

主人亲自驾车时,副驾座是上座,这表示对主人的亲切与尊重;后排右侧次之,左侧再次之,而后排中间座为末席。

当省部级高层领导坐车时,司机后面座位是上座,这是出于安全保卫的考虑。乘坐四排座或以上的中型或大型轿车时,应遵照"以右为尊"的原则,驾驶员身后的第一排为尊位,其他各排座从前往后依次递减。各排座的座次安排,讲究"右高左低",从右到左依次递减,即由前向后、自右向左。

乘坐公共汽车、火车或地铁时,基本规矩是:临窗的座位为上座,临近通道的座位为下座。与车辆行驶方向相同的座位为上座,与车辆行驶方向相反的座位为下座。乘车座次如图 3-2-6 所示。

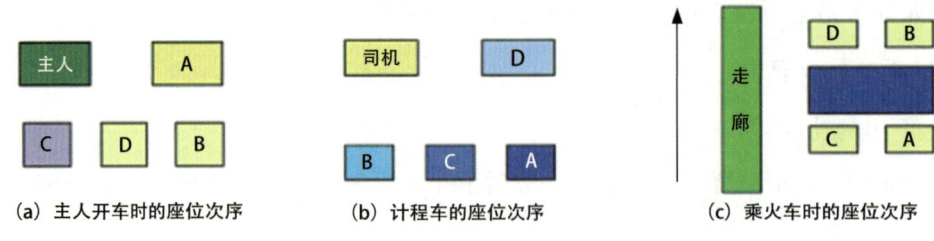

(a) 主人开车时的座位次序　　(b) 计程车的座位次序　　(c) 乘火车时的座位次序

图 3-2-6　乘车座次

【练兵场】

请运用本模块所学知识,以小组为单位,编写并表演一个商务拜访与接待的情景短剧。

情景剧评分表

班级:　　　　　　小组成员:

评价项目	评价指标	评价标准	分值	得分
脚本设计	知识点	知识点覆盖全面,包括预约、仪容仪表准备、拜访中的礼仪、告辞等内容	15	
	可操作性	脚本设计合理,可操作性强,易于实施	10	
场景设置	布置设计	场景设置合理、美观,道具准备充分,能够体现设计思想	10	
道具及服饰	道具	道具准备充分,能够满足表演需要	5	
	服饰	服饰设计合理,符合角色身份	10	
演示过程	组织	组织严密,小组成员间配合较好,演示进展顺利	10	
	角色扮演	演员态度认真,表演具有一定的真实性,知识点演示全面,能够反映脚本设计思想	15	
	基本技能	操作要点演示全面;礼仪动作规范,能够使用普通话	15	
综合评价	总体印象	脚本设计精美,表演精彩、流畅;学生积极主动	10	
总分			100	

注:考评满分为100分,60分以下不及格,60~69分及格,70~79分中等,80~89分良好,90分以上优秀。

任务三　掌握商务宴请礼仪

知识目标

1. 懂得中式宴请和西式宴请的礼仪规范。
2. 熟悉中西餐座次及餐单安排技巧。
3. 了解中西餐餐具使用的礼仪规范。

能力目标

能运用到实践工作中，做好中西式宴请的组织和接待工作。

一、中餐礼仪

【情境导入】

上午10：00，张畅和王爽还在忙碌。

情境1：签约仪式后，公司领导要求张畅负责安排一次中式宴请，以示庆贺。上午10：30，张畅来到了本市一家五星级酒店。张畅知道中式宴请有很多礼仪要求，于是他精心地做着每一项准备工作。

情境2：中午12：00，中式午宴开始，王爽小心翼翼地陪同，生怕用餐过程中某一环节的礼仪规范出了差错。

训练项目记录单

日期：_____   班级：_____   组别：_____

训练项目完成情况：

1. 根据情境，思考问题：

①请你说一说，张畅筹备一场中式宴请需要做好哪些准备工作？

我们的答案：

②王爽陪同参加中式宴请，用餐过程中需要注意哪些礼仪规范？

我们的答案：

2. 实操任务：

（1）请帮助张畅设计一份中式午宴座次安排图及午宴菜单。

自我评价：

（2）请你设计一下王爽陪同参加中式宴请的场景，展示中餐礼仪规范。

自我评价：

小组小结：

【知识加油站】

一、商务宴请常识

随着我国经济的快速发展和人民生活水平的提高，商务宴请也变得多种多样，譬如迎来送往、节日庆典、关系疏通、增进感情等。商务宴请已成为商务活动的重要组成部分。

（一）商务宴请的分类

商务宴请的种类很多，按照不同的分类标准主要有以下几种：

1. 按时间

(1) 早宴。在早饭时间宴请，一般比较简单，不上酒类饮品，主要是礼仪需要或交流相关事宜。

(2) 午宴。在午饭时间宴请，较为正式，国内党政机关及参照执行的企事业单位禁止饮酒。

(3) 晚宴。在晚饭时间宴请，最为正式，一般安排酒水，但宴请地点、菜品、酒水等不得违反相关规定。

2．按性质

(1) 工作宴请。因工作、业务需要安排的宴请。

(2) 迎送宴请。单位之间、单位内部之间迎来送往举办的宴请。

(3) 节庆宴请。庆祝特殊节日安排的宴请。

3．按规格

(1) 国宴。国家领导人在重大商务活动中安排的宴请，是商务活动中最正式、档次最高的宴请。

(2) 正式宴会。宴请地点、人员及菜品、酒水、程序等都正式的宴会，一般安排在晚上。

(3) 便宴。商务宴请中菜品、酒水、宴请地点及主客之间都比较随意的宴请。

(4) 家宴。为体现对宴请对象的重视或表示亲近而特意安排在家中的宴请。

4．按餐别

(1) 中餐宴请。按中式菜品、程序安排的宴请。

(2) 西餐宴请。按西式菜品、程序安排的宴请。

(3) 中西合餐。菜品、程序为中西结合的宴请。

（二）商务宴请的程序

在商务宴请中，宴请程序大致分以下几个方面：

1．邀请

(1) 邀请方式

正式的邀请要用邀请函，写明被邀请人、邀请目的、时间地点、邀请人、联系方式等内容，对服装等事项有特殊要求的也一并写上。非正式邀请可以当面口头邀请或通过电话、短信、微信等方式邀请。

(2) 邀请对象

按照商务宴请的目的，邀请谁？邀请几位？参加宴请的人员之间有无"不待见"的情况？以上情况要根据宴请目的和相关规定提前考虑，做好安排，力求宾主尽欢。

(3) 时间地点

商务宴请一般不安排在早餐，多是午餐和晚餐，应该具体到几时几分，以便相关人员按时参加。

商务宴请的地点应按照宴请规格、被宴请对象喜好、交通情况、符合规定等因素确定。重要的商务宴请一般安排在本地区高档次的酒店，酒品、菜品上乘；常规的商务宴请一般安排在中档酒店或本单位餐厅。

（4）其他事项

商务宴请过程中涉及的其他事项，譬如是否有交换礼品、是否携家眷出席、是否有残障人士参加需要特殊照顾、是否有人饭前祷告等，都需提前准备，做好相应安排。

2．迎接

按照宴请规格和约定时间，邀请方要提前在宴请地点门口处迎接并陪同客人进入宴请房间。如果被宴请方身份特殊或有特殊约定，宴请方需派人到约定地点迎接被宴请方。

3．餐叙

（1）入席

正规宴请中，中餐要有席位图且为每位参加人员制作桌签，方便大家及时找到自己的桌次并按座次入席；西餐由侍者带领入席。单桌宴请一般是在全部人员到齐后，宴请方招呼大家按照座次安排入席。

（2）宴请方代表致辞

宴请开始前，宴请方代表一般要致祝酒词，说明宴请的目的、介绍相关情况、对事业合作和参加人员予以祝福等。

（3）用餐敬酒

正式用餐要等宴请方代表请大家用餐后再开始，之后宴请方和被宴请方按照相关礼节和当地风俗用餐并相互敬酒、交流。

（4）被宴请方代表致谢

被宴请方代表致辞，对宴请方的款待表示感谢，对未来给予祝福等。

（5）离席

餐叙完毕，被宴请方代表一般会适时、客气地提醒宴请方已受到很好的宴请，可以结束了。此时每位用餐者要注意观察整体进度，不能在别人都已用餐完毕时自己还在独自用餐。宴请方代表等每人用餐完毕后，宣布宴请结束，大家起身离席，准备回返。这一过程中宴请方代表一般不主动提出宴会结束，如果被宴请方代表确实不清楚相关礼节，宴请方代表可以提醒被宴请方代表并在征得其同意后宣布宴请结束。

4．送别

离开宴请场所，宴请方应在门口或车辆停放处与被宴请方逐一道别。若被宴请方没有自带车辆，视情况宴请方决定是否派车或打车送被宴请方回住所。

(三) 宴请场所礼仪

商务宴请的场所一般选择在能满足餐饮需求的单位餐厅或酒店宾馆，一般不到家中。党政机关、事业单位、国有企业等人员不能到会所、高档餐饮场所参加或组织宴请。宴请场所需满足以下要求：

1. 安全卫生

宴请场所无论是建筑物周围，还是内部的雅间、厨房、盘碗餐具、桌面座椅，一切都应该符合安全卫生标准。用餐人员所到之处，无论是身体还是财物安全都应该得到保证，所触及的一切都应该整洁卫生。

2. 服务专业

服务水平是酒店管理的重要组成部分，规范的服务从引领服务、餐具摆放、上菜程序、上菜速度、上菜位置到倒茶斟酒、餐盘清理等都必须专业。通过各方面的专业服务为自己赢得更多的美誉。

3. 特色鲜明

世界各地的餐饮都有自己的特色。商务宴请要通过特色安排体现宴请方对被宴请方的重视和用心。外地客人到山东尤其是首次来商务宴请时要请客人品尝鲁菜，到四川要请客人品尝川菜，到山脚下要请客人品尝山珍，到海边要请客人品尝海味……无论是菜品、环境、价格还是综合评价，鲜明的特色会给用餐者以美好的回忆，拉近宴请者与被宴请者之间的距离。

4. 货真价实

商务活动中最重视的要素之一是诚信、不欺。作为商务活动中的重要部分，商务宴请所选场所所提供的食材、酒品等都要有质量保证且价格合理，不能欺瞒顾客，更不能宰客。高档宴请包括盘碗杯筷等也要质量上乘，让被宴请方有可信、被尊重之感。

二、中餐礼仪

中国是文明古国、礼仪之邦，商务宴请的相关礼仪包括：

(一) 位置礼仪

1. 桌次安排

(1) 由两桌组成的小型宴请座次排序

由两桌组成的小型宴请座次可分为两桌横排和两桌竖排的形式。当两桌横排时，座次是以右为尊，以左为卑。这里所说的右和左，是指进入房间、面对正门的位置来确定的。当两桌竖排时，座次讲究以远为上，以近为下。这里所讲的远近，是以距离正门的远近而言，如图3-3-1所示：

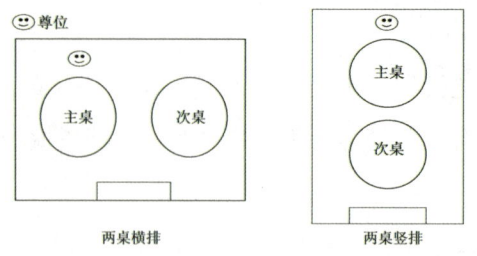

图3-3-1 两桌组成的小型宴请座次排序

（2）由多桌组成的小型宴请座次排序

在安排多桌宴请的座次时，除了注意"面门定位""以右为尊""以远为上"等规则外，还应兼顾其他各桌距离主桌的远近。通常，距离主桌越近，座次越高；距离主桌越远，座次越低。在安排桌次时，所用餐桌的大小、形状要基本一致。除主桌可以略大外，其他餐桌都不要过大或过小，如图3-3-2所示：

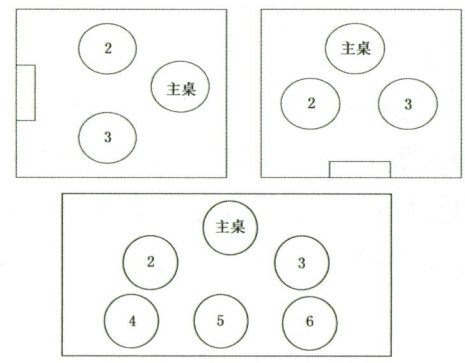

图3-3-2 多桌组成的小型宴请座次排序

2．位次排序

（1）单主人宴请时的座次排序

单主人宴请时，以主人为主心，其余座位和人员各自按"以右为贵"的原则排列，如图3-3-3所示：

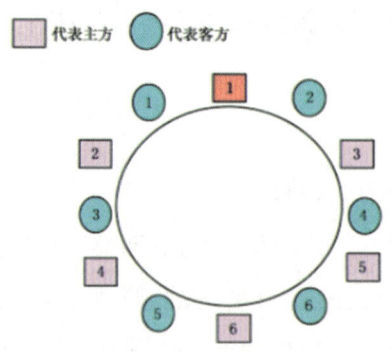

图3-3-3 单主人宴请时的座次排序

（2）男女主人共同宴请时的座次排序

男女主人共同宴请时的座次排序方法是一种主副相对、以右为贵的排列。男主人坐上席，女主人位于男主人的对面。宾客通常随男女主人，按右高左低顺序依次对角飞线排列，同时要做到主客相间。国际惯例是男主宾安排在女主人右侧，女主宾安排在男主人右侧，如图3-3-4所示：

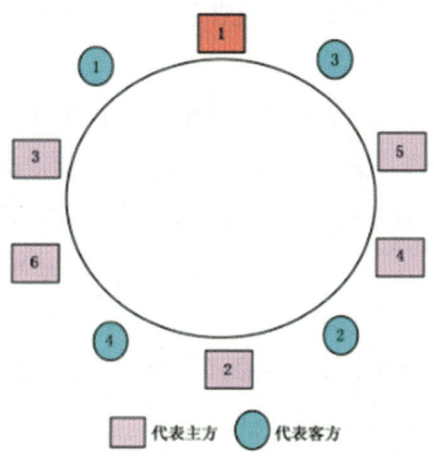

图3-3-4　男女主人共同宴请时的座次排序

（3）同性别双主人宴请时的座次排序

第二主人均为同性别人士或正式场合下宴请时，按主副相对、"以右为贵"的原则依次顺时针排列，同时做到主客相间，如图3-3-5所示：

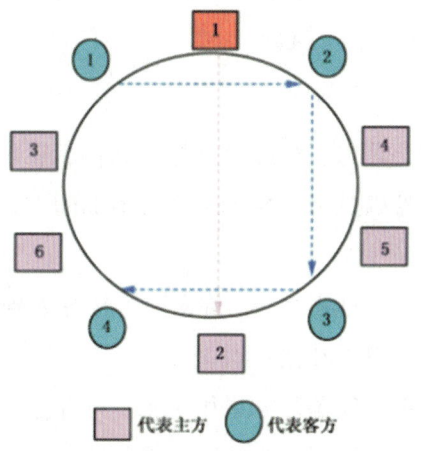

图3-3-5　同性别双主人宴请时的座次排序

（二）点菜礼仪

1. 谁来点菜

一般由宴请方点菜。宴请方有时会出于礼貌请被宴请方点菜，被宴请方可视场合点一两个自己喜欢、同桌不忌讳、价格适中的菜，不要点价格过高的菜防止让宴请方有"被宰"之感，也不要点价格过低的菜让宴请方有被看不起之感。若非特殊情况，被宴请方不宜变客为主。

2. 点什么菜

（1）遵守规定

国内党政机关、事业单位、国有企业等必须遵守相关规定，譬如不能点鱼翅、燕窝等高档菜肴，不能提供香烟和高档酒水等。这些规定必须遵守。

（2）把握常识

如果不想逐一点菜，通常按照酒店的标准定下后由酒店搭配上菜即可。如果要逐一点菜，只要人数不是很少，做到"热炒凉拌、香辣酸甜、荤素都有、注意忌口、本地特色、关照来客"即可。如果被宴请方是少数民族、外国客人或有其他特殊要求，要有针对性地做好菜品选择。

（3）注意忌口

无论是定标准还是逐一点菜，要注意忌讳忌口，譬如回族忌讳猪肉、西方人忌讳动物内脏血液之类。国人有的不吃辣、有的不吃香菜等。

（4）价格适当

宴请要根据目的确定价格。太奢侈让被宴请方猜疑甚至戒备，太吝啬则让被宴请方感受不到尊重甚至适得其反。

3. 点多少菜

点菜数量在菜量不大时一般按照用餐人数的 1.5 倍点，菜量大时按用餐人数的 1 到 1.2 倍点即可，有特殊规定的按规定执行。

（三）餐具礼仪

中餐餐具主要包括筷子、匙勺、盘碗、水杯、酒杯、餐巾、餐巾纸、牙签等，规范的招待场所还包括水盂、水果叉以及由于西风东渐而增加的刀、叉等。

1. 筷子

筷子是中国饮食文化的重要标志之一，许多西方领导人到我国访问前会练习一下筷子的使用方法。使用筷子要注意以下礼仪：

（1）只要可能，要用右手拿筷子。如果用左手，与自己左侧用右手拿筷子的用餐者会互有不便。如果只能用左手拿筷子，要跟自己左侧的用餐者解释一下，并通过稍挪位置等办法防止相互干扰。

（2）筷子要两根同用，一般不能拿一根筷子取食或做其他事情。

（3）用筷子取食送入嘴中即抽回，不能长时间放在嘴中。

（4）筷子不用时要头部朝外尾部朝向自己摆放好，除公筷外一般不能横放，不能插到饭菜中尤其不能垂直插到米饭等食物中。

(5) 不能拿筷子指向他人，不能用筷子敲打盘碗等物品。

2. 匙勺

匙勺分为匙与勺。匙可用于喝汤，也可用于盛菜。勺也叫汤勺，小汤勺一般用于喝汤，大汤勺用于将食物盛到自己的盘碗中再食用。

用匙勺盛菜或喝汤，要将匙勺盛菜盛汤部分全部放入嘴中，合上嘴后不出声音地抽出，不能吸入嘴中。要注意菜和汤的温度，如果过烫不能放回原来盘碗中，要放到自己的盘碗中凉一会再食用。在用匙勺过程中要注意不与其他餐具碰撞出声音。

3. 盘碗

(1) 餐盘

除上菜用的盘子外，用餐者面前会有一个餐盘，用于将食物盛到自己餐盘中食用或盛放剩下的骨头鱼刺等。对自己面前的餐盘，一是不能盛过多的食物，即便是自己非常喜欢的食物，否则既影响他人食用又让别人对自己侧目；二是不能吃的骨头鱼刺等要放到盘中，不能放到餐桌上更不能吐到地上，当自己餐盘中不能食用的东西过多时可请服务员倒掉或更换餐盘。

(2) 碗

碗通常用来盛主食和汤。无论盛主食还是汤，都不要过满，防止洒到外边。正规宴请喝汤时要用汤勺且不出声音，若汤过热要凉一会再喝，不能端起碗来直接用嘴喝。

4. 水杯

水杯包括茶杯、凉水杯等。宴请时讲究"茶浅酒满"，茶水不能倒满，否则既不方便端起来饮用还容易被烫伤。

5. 酒杯

酒杯通常分白酒杯、红酒杯、啤酒杯三种。每一种中按体积、质地等的不同又分多种。与茶不能倒满相反，为表示尊重，酒要倒满，所谓"酒满心诚"。当然，对不胜酒力的不能过于较真。宴请过程中与长辈、上级等碰杯时，自己的杯沿要低与长辈、上级的杯沿。

6. 其他餐具

(1) 餐巾

中餐宴请时餐巾通常只是铺到餐桌上备用，不像西餐那样将其放到腿部以防止食物掉到衣服上。中餐擦手、擦嘴通常用餐巾纸或小毛巾完成。

(2) 牙签

当众剔牙要注意用手遮住。不能不遮挡剔牙，不能长时间剔牙，更不能在剔完牙后将牙签叼在嘴中。

（3）水盂

规范的宴请场所会放有水盂，里面盛着水，水上有柠檬片或花瓣，是简易洗手用的，切不可当作饮用水喝。

（4）烟灰缸

随着戒烟范围的扩大和在酒店中抽烟人数的减少，现在酒店中一个房间内通常只是摆两个烟灰缸供抽烟者使用，已很少像以前那样一张桌子上摆几个烟灰缸。

（四）用餐礼仪

1. 上菜顺序

中餐上菜的顺序一般是：冷盘、酒水、热菜、主食、水果。不同地区会有所不同。

2. 上菜位置

上菜时菜类不同上法不同，通常共用的菜由服务员从副主陪的右侧上，或视具体情况从陪同人员与次要客人之间上菜；需要将一份菜分开上的由服务员托着菜逐一从右侧分到每位在座人员的餐具中；如果是每人一份的"单吃"，由服务员从每人的右侧逐一上菜。

3. 餐饮过程

中餐宴请过程中，一般包括主陪和副主陪敬酒、分别敬酒、答谢酒、散席酒四个阶段，其间边敬酒边交流。主陪和副主陪敬酒阶段通常是由主陪和副主陪分别按当地风俗敬大家一起喝一杯到四杯酒；分别敬酒是宴请方人员与被宴请方人员一对一地敬酒，本方人员一般不互相敬酒；答谢酒是被宴请方代表提议的为答谢宴请方而回敬的酒；散席酒是上主食后大家共同干杯饮酒阶段结束的酒。

4. 餐叙礼仪

（1）用餐时要细嚼慢咽，不能狼吞虎咽。

（2）用餐时不能只是闷头吃喝，不与他人交流。

（3）相互敬酒、交流时不能嚼食食物，要等敬酒、交流结束后再用餐。

（4）如果汤、面条等食物热烫，不能用嘴去吹，应等凉下来后再食用。

（5）女士参加宴请不宜浓妆，以防止口红沾到餐具上。宴请后可视情况补妆。

（6）敬酒不强劝。不能以感情、利益等为理由强迫他人喝酒。

（7）不能吸烟。宴请之处是公共场所，即便有人敬烟，也以不吸为好，尤其是有女士在场时。

二、西餐礼仪

【情境导入】

下午17：00，一些同事开始准备下班，但张畅和王爽还在忙碌，今天晚上有很多事情需要他们完成，加班是一定的了。

情景：晚19：00，应客户李女士的邀请，张畅和王爽陪同经理前往某西餐厅参加晚宴，他们感受到了西餐礼仪与中餐礼仪的区别。

训练项目记录单

日期：_____　　班级：_____　　组别：_____

训练项目完成情况：

1. 根据情境，思考问题：

①张畅、王爽参加西式晚宴应注意哪些礼仪问题？

我们的答案：

②如果是你筹备西式晚宴，你该做好哪些准备？

我们的答案：

2. 实操任务：

（1）如果是你筹备西式晚宴，请设计一份西式晚宴座次安排图及晚宴菜单。

自我评价：

（2）请你设计一下张畅、王爽参加西式宴请的场景，展示西餐礼仪规范。

自我评价：

小组小结：

【知识加油站】

西餐礼仪

如同我国的"民以食为天"，西方人对饮食也非常重视、极其讲究。正式的宴会必须着正装甚至盛装出席，酒、菜、食品、环境、程序、服务等都非常考究。西餐包括美式、俄式、英式、法式、意式等。在我国通常是各式西餐的混合，大致包括以下礼仪。

（一）西餐的5M

关于西餐的M，有说5M的，也有说7M的，通常我们说5M，包含在菜单中的价格（Money）、食品（Meal）不再列出。5M分别是：

Menu（菜单）：进入西餐厅坐下，服务生或侍者首先会递上一份菜单。其中包括菜名、价格等。西餐厅将菜单作为自己的门面，所以都是精工细作，以体现出自己的规格、不俗。先看菜单点菜是应有的程序。

Meeting（聚会）：西方人很注重交流，所以西餐既是用餐，也是交流。与谁聚餐、交流都会有提前安排。在商务宴请中，需要谈的商务事宜通常在其他场所已谈完，到餐厅参加宴请时主要是为了享用美餐、增进了解和联络感情，一般不再涉及商务事宜。

Mood（氛围）：用餐时的环境、氛围展示了西餐厅的规格水平。光亮整洁的餐具、美丽的鲜花、醉人的灯光、精美的食品……高雅温馨的氛围对用餐者来说是一种极好的享受。

Manner（礼节）：西餐用餐必须优雅、礼貌，举止有度，符合礼节。宴请过程中如何点菜、各种餐具的使用、相关餐饮程序、优雅的举止、礼貌的谈吐等都应该涵养有度，有礼有节。

Music（音乐）：音乐可以激发人的食欲，能够沟通不同地区、不同种族人们之间的情感。正规的宴请甚至会请专门的乐队来演奏。有曼妙音乐相伴，用餐会是一种享受。

（二）座次礼仪

在西餐商务宴请中，一般由长方桌组成，且通常按照人数的多少设置长方桌的长度，按照身份地位、女士优先、男女交叉、主宾交叉的原则安排。通常分为下面两种座次。

1. 座次一，如图3-3-6所示：

图3-3-6　西餐座次一

2. 座次二，如图3-3-7所示：

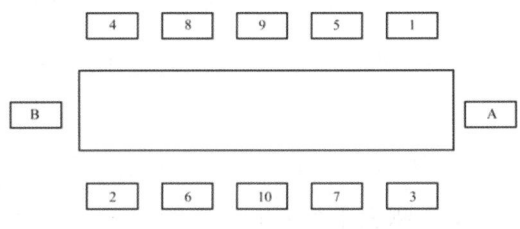

图 3 – 3 – 7　西餐座次二

在上面两图中，A 是主陪，B 是副主陪。如果宴请方是夫妻关系，则 A 代表女主人，B 代表男主人。阿拉伯数字依社会地位、女士优先、男女交叉、主客交叉排列，如果都是夫妻，则 1 号是 1 号夫妻中的丈夫，2 号是 1 号夫妻中的妻子，依次入座。

（三）餐具礼仪

1．西餐餐具的摆放

（1）餐席中央通常放置垫盘或展示盘，盘上放有折叠整齐的餐巾或餐纸，也有把餐巾或餐纸折成花蕊状放在玻璃杯内的。

（2）垫盘两侧的刀、叉、匙排成整齐的平行线，垫盘右边摆刀、汤匙；垫盘左边摆餐叉。一个座席一般只摆放三副刀叉，可依用餐顺序：前菜、汤、料理、鱼料理、肉料理，视所需由外侧至内侧使用。

（3）玻璃杯摆右上角，最大的是装水用的高脚杯，次大的是饮用红葡萄酒所用的，而细长的玻璃杯是白葡萄酒所用，视情况也会摆上香槟或雪利酒所用的玻璃杯。

（4）面包盘和黄油刀（供抹奶油、果酱用，而不是用来切面包），置于左手边，垫盘对面则放咖啡或吃点心所用的小汤匙和刀叉。

西餐餐具的具体摆放如图 3 – 3 – 8 所示：

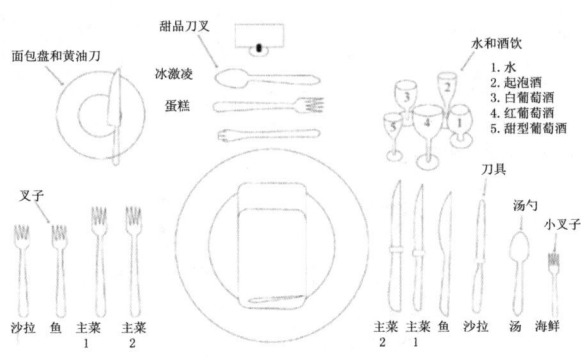

图 3 – 3 – 8　西餐餐具的摆放

2．西餐餐具的使用

（1）刀叉的使用礼仪

第一，刀叉持法：刀叉是按摆放顺序，从外侧向里侧按顺序使用的。

用刀时，应将刀柄的尾端置于手掌之中，以拇指抵住刀柄的一侧，食指按在刀柄上，其余三指则顺势弯曲，握住刀柄。如果用餐时，有三种不同规格的刀同时出现，一般正确的用法是：带小锯齿的那一把用来切肉制品；中型刀用来切蔬菜；小刀用来挑蘸果酱、奶油涂在面包上面。切割食物时双肘下沉，前臂应略靠桌沿，防止正在切割的食物飞出去。

叉子的拿法有背侧朝上及内侧朝上两种，要视情况而定。背侧朝上的拿法和刀子一样，以食指压住柄背，其余四指握柄，食指尖端大致在柄的根部；叉子内侧朝上时，则如铅笔拿法，以拇指、食指按柄上，其余三指支撑柄下方。左手拿叉，叉齿朝下，叉起食物往嘴里送。动作要轻，捡起适量食物一次性放入口中。叉子捡起食物入嘴时，牙齿只碰到食物，不要让刀叉在齿上或盘中发出声响。吃体积较大的蔬菜时，可用刀叉来折叠、分切。较软的食物放在叉子平面上，用刀子整理一下。

第二，使用刀叉要注意：动作不要过大，以免影响他人；切割食物时，不要弄出声响；切下的食物要刚好一口吃下，不要叉起来一口一口咬着吃；不要挥动刀叉讲话，也不要用刀叉指人；掉落到地上的刀叉不可捡起再用，应请服务员另换一副。

使用刀叉进餐：从外侧往内侧取用刀叉，要左手持叉，右手持刀；切割食物时左手拿叉按住食物，右手执刀进行切割。使用刀时，刀刃不可向外；通常刀叉并用是在取食主菜的时候，但若无须用刀切割时，则用叉节割即可。

第三，席间摆放刀叉：进餐中放下刀叉时应摆成"八"字形，分别放在餐盘上，刀刃朝向自身，表示还要继续吃；每吃完一道菜，将刀叉并拢放在盘中；用餐结束后，平行地放在盘中或者一侧。

具体刀叉摆放含义，如图3－3－9所示：

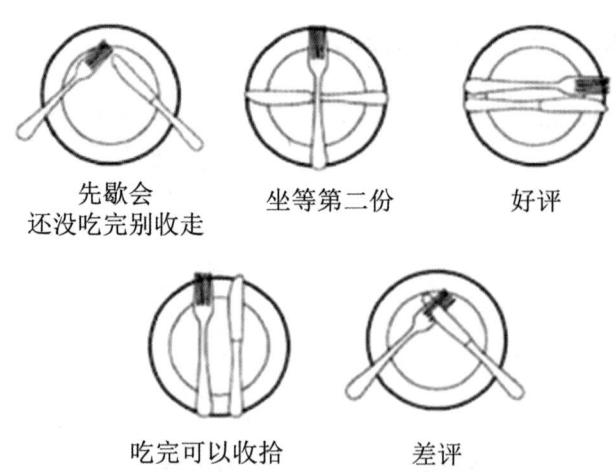

图3－3－9　刀叉摆放的不同含义

（2）餐匙使用礼仪

餐匙也称调羹，是西餐中不可或缺的餐具，分汤匙、甜品匙和茶匙三种。在用途上，三者不可相互替代，也不可用来舀取其他主食、菜肴。汤匙个头儿较大，甜品匙个头儿较小，茶匙只起搅拌作用，不能以之舀取茶饮用。

使用餐匙时，持匙用右手，持法同持叉，但手指务必在匙柄之端。餐匙不能在所取食物中乱搅一气，每次取食应数量适中，餐匙不宜全部入口，尽量保持餐匙干净清洁。

(3) 餐巾使用礼仪

一般来说，餐巾放在餐盘的正中或叉子的旁边。入席后，可以将餐巾放在胸前下摆处，或者平铺到自己并拢的大腿上。餐巾的打开、折放应在桌下悄然进行，不要影响他人。

餐巾起保洁作用，防止菜肴、汁汤落下来弄脏衣服；也可以用来擦嘴，但不能用其擦脸、擦汗、擦餐具；还可以用来遮掩口部，在需要剔牙或吐出嘴中的东西时，可用餐巾遮掩，以免失态。如果餐巾掉在地上，应另换一块。

(四) 用餐礼仪

1. 上菜顺序

由于不熟悉及分餐制的缘故，我们会觉得西餐的点菜、上菜有点复杂。其实西餐宴请较中餐简单，上菜顺序是头盘、汤、副菜、主菜、沙拉、甜品、咖啡或茶，虽说全部包括七道，实际点菜时通常不点全餐，按照自己的饮食习惯或宴请要求点其中几道即可。

(1) 头盘

也即开胃菜或开胃品，如芝士拼盘配番茄、意大利风干牛肉等。味道以酸、咸为主，为的是刺激味蕾，起到开胃作用。

(2) 汤

一般分为清汤、奶油汤、蔬菜汤和冷汤四种。如俄式罗宋汤、意式蔬菜汤等。

(3) 副菜

副菜是相对主菜而言。主要包括水产类、蛋类、面包等。

(4) 主菜

主要包括由牛肉、羊肉、猪肉等组成的肉类和鸡、鸭、鹅等组成的禽类。譬如西冷牛排、烤火鸡等。

(5) 沙拉

主要是蔬菜类。如将生菜、黄瓜、西红柿等用沙拉酱拌好就成为蔬菜沙拉。也有肉蛋类、水果类等。

(6) 甜品

主菜之后上的食物的统称。如奶酪、冰淇淋、水果等。

(7) 咖啡或茶

这是最后一道"菜"，可去腻、提神，也可延长交流时间。

2. 餐饮过程

（1）程序规范

除邀请、迎送等程序外，自进入西餐厅到离开，西餐都有相应规范，须按规范行事。

第一，进入西餐厅，无论是否已订餐，都要由侍者或服务生引领、安排，不能自找座位。参加西餐宴请要由侍者带领到预订座位。

第二，入座、离开座位都是从椅子左侧进出。在客人走到椅子的左侧时，侍者会拉开座椅，待客人进入站好后再将座椅前推，客人就座。

第三，点菜。商务宴请时一般预先将菜定好，届时按程序上菜即可。如果现场点菜，要注意菜品搭配及以吃完为好。

第四，饮酒时一般白葡萄酒配白肉，红葡萄酒配红肉。

（2）举止优雅

西餐特别重视举止优雅。不能不讲究地扒拉着吃，坐无坐相、吃无吃相。要注意以下礼仪：

第一，基本姿势是"正襟危坐"。身体距离餐桌十厘米左右，双腿自然垂放，腰背挺直。

第二，吃西餐时要坐姿端正，上身可稍微前倾，但总体而言是以物就口，即用叉、勺将食物送入嘴中。不能以口就物，躬身低头，形象全无。

第三，食物送入嘴中，闭上嘴后要细嚼慢咽，不出异声，不掉出食物。

第四，吃鱼等带骨头的食品时，要用刀将肉剔出来再切块食用。吃完鱼的上面时不能把鱼反过来再吃，而是将鱼骨剔除后继续食用。吃面包时通常不用刀叉，用手将面包撕成小块，再送入嘴中。

第五，喝汤要用汤勺，不能直接端起碗喝，也不能对着汤吹气使汤降温。喝汤要用汤勺由内向外舀汤，然后将汤勺送入嘴中。

第六，用餐过程不能出声，更不能将刀叉杯盘弄得叮当响。

（3）积极交流

西餐宴请在吃，也在谈。宴请过程中交谈要注意以下礼仪：

第一，主动交谈。要主动与邻座及其他参与者交流。如果不认识对方，可请别人介绍或自我介绍，互相攀谈。

第二，谈双方共同感兴趣的话题，不谈禁忌话题。酒逢知己千杯少，交谈最好选择双方都感兴趣的话题，或者谈天气、时事等公共话题。要避谈信仰、婚姻、住址、收入、年龄等禁忌、忌讳话题。

第三，交谈要温言细语。不能高声大嗓干扰他人，更不能言语粗俗、污言秽语。

第四，谈话时眼睛要看着对方，态度诚恳、言语真诚。

第五，多肯定，少否定，避免喋喋不休、随意插话等令人不快的交谈方式。

【练兵场】

请运用本模块所学知识，设计宴请客户时，中、西餐的座次以及菜单。

班级：　　　　　　姓名：

评价项目		评价标准	分值	得分
设计内容	座次安排	座次安排设计合理，礼仪知识点运用准确熟练	20	
	菜单设计	菜单设计合理，菜品搭配符合礼仪要求，可操作性强	20	
制作技术	画面设计	座次图和菜单图画面设计简洁美观、风格统一、色彩协调，讲解演示文稿制作精美	15	
	操作使用	操作准确，使用熟练，演示效果好	10	
讲解效果	讲解内容	内容全面准确，能生动、形象、清晰地将本组的预案展示给大家	15	
	语言表达	能使用普通话，声音洪亮、表达生动，能吸引同学	10	
综合评价	总体印象	设计科学，展示精彩、流畅	10	
		总分	100	

注：考评满分为100分，60分以下不及格，60~69分及格，70~79分中等，80~89分良好，90分以上优秀。

项目四 仪式会务礼仪

任务一 掌握商务会务礼仪

知识目标

1. 了解会议的组织程序。
2. 掌握会议的座次安排原则。
3. 掌握会场的布置要求。
4. 熟悉商务人员参加会议的一般礼节。

能力目标

1. 能够利用会务礼仪知识,提高办会的能力和水平。
2. 能组织一般会议及专题会议。
3. 能在商务会议中较好地运用自我展示技巧。

一、会务礼仪概述

【情境导入】

一家大型企业召开了优秀员工表彰大会。奏国歌,宣读表彰文件,领导讲话,代表发言,一切按部就班地进行着。可是在颁发奖品时却发生了失误。原来,会前临时增加了一位优秀员工。奖状准备了,却忘记准备奖品了。眼瞅着发奖品时将出现尴尬局面,张畅灵机一动,马上从刚领过奖的同事那里借了奖品,交给主席台,避免了一场难堪。会后,张畅给那位同事补发了奖品。张畅成功化解危机的行动,获得了公司和同事们的褒扬。

训练项目记录单

日期：_____   班级：_____   组别：_____

训练项目完成情况：

1. 根据情境，思考问题：

①会议准备特别要注意哪些事项？你从张畅身上能感悟到什么？

我们的答案：

②想一想，会议人员应具备哪些素质？会务礼仪到底是什么？

我们的答案：

2. 实操任务：

设计并展示"中华经典诵读会"情景。

自我评价：

小组小结：

【知识加油站】

一、会议概述

会议是人们为了解决某个共同的问题，有组织地会晤及议事的行为或过程。它既有礼仪性又具实质性。会议作为人们从事各项工作的一种重要手段和方法，应用范围十分广泛。

（一）会议目的

会议的主要目的是上情下达，安排部署工作，解决具体问题或危机。围绕会议的目的，认真做好一切准备工作，务求会议获得实效。不开没有目的或目的不明确的会，不开无准备的会，不开缺乏实效的会和议而不决的会。

图4-1-1

（二）会议的功能

1．决策功能。会议是通过民主做出决策的一种重要手段。决策功能是会议活动的基本功能。随着社会的不断发展，行业与行业之间、部门与部门之间的联系比任何时候都更加紧密、更加重要，在这种情况下，会议的决策功能更加突出。

2．执行功能。会议可以传达公司和决策者的经营理念和工作部署，统一员工的步调，众志成城，又快又好地将目标变为现实。

3．沟通功能。在会议进行过程中，与会人员相互之间通过直接交换意见、交流信息，达成一致意见。如各种形式的交流会、情况通报会等。

4．协调功能。通过会议消除与会人员相互之间的差异，并在共同的目标指引之下，达到认识的统一和行动的一致。

5．监督功能。许多会议的目的是监督、检查员工对工作任务的执行情况，了解员工的工作进度，同时，借助这种"集合"的、"面对面"的形式，有效协调上下级以及员工之间的差异和矛盾，如各种形式的总结、评比会，都能起到监督作用。

（三）会议的意义

1．会议是一个集思广益的渠道

会议是一个集合的载体，通过会议使不同的人、不同的想法汇聚在一起，相互碰撞，从而产生"金点子"。许多高水准的创意就是开会期间不同观念相互碰撞的产物。

2．会议显示一个组织或一个部门的存在

会议总是在大于一人的情况下进行的，即使是只有两个人的会议，也是一种小型组织。因此，会议能够充分显示一个组织或部门的存在价值。

3．会议是一种群体沟通的方式

开会是一种群体沟通。随着科技的迅猛发展，沟通方式越来越多，如使用QQ、微信等多种媒介方式进行沟通。但会议这种最直接、最直观的方式是任何其他沟通方式都无法替代的。

（四）商务会议分类

商务会议是商务活动的有机组成部分之一。它的应用十分广泛，按照不同的方式可以划分为多种类型。

1. 按会议的规模划分

（1）小型会议。少则几人、多则几十人参加的会议。如各种办公会、座谈会、现场会。小型会议一般安排在工作现场或小型会议室进行。

（2）中型会议。一般是指人数在几十人至数百人参加的会议。如节日慰问会、表彰会、交流会和大型企业单位的职代会。中型会议根据与会人员数量，可安排在会议厅或礼堂召开。

（3）大型会议。一般是指千人以上的会议。如现场交流会、各级人民代表大会、博览会、交易会等。大型会议一般在礼堂、会堂或剧场、会议中心召开。

2. 按会议内容划分

（1）综合性会议。一次会议要讨论和研究多方面的问题。

（2）专题性会议。一次会议只集中解决一方面的问题。如专题讨论会、年度销售会议等。

3. 按会议惯例划分

（1）常规会议。这类型会议是按公司法和惯例召开的，有一定的程序性和规范性。主要有：股东会或股东大会、董事会、监事会、总经理（或总裁）办公会、高层管理人员会议、员工大会或员工代表大会等。

（2）特种会议。这类型会议的特殊性，在于其没有法规规定，也不是例行会议，在会议的时间、规模、议程上也不受限制。它是以经济、贸易、技术为内容的多边主体的一种会议形式。主要有见面会、商务谈判会、洽谈会、庆典、会展等。

（3）专业会议。专业会议是指企业内部经营、生产、管理等过程中为解决实际问题而召开的会议。

二、会议的组织程序

一般的会议程序包括发出会议通知、选定会场、布置会场、准备会议用品和文字资料、会议记录、安排会议的善后工作等环节。

（一）会议通知

会议通知有书面、口头、电话、邮件等通知方式。举行会议原则上要以文字形式进行通知。如邀请外单位人员参加,还需把对方答复的回执或信函一并发出。

通知上须写明以下事项:会议名称、会议召开及结束的预定时间、会场地点(可附导向图)、会议议题、参会要求、主办方及联络方式等。

下发会议通知要及时送达,不得耽搁延误。

(二)会场选择

会议场地是会议组织者和会议参与者进行问题的讨论、研究,信息的交流,思想的沟通并达成会议交易目的的特定场所。会场选择要考虑与会人数,以安排较为宽敞的地方为佳。

选择会场还要考虑这些因素:交通方便;会场保证必要的使用时间;无噪声;有能正常使用的多媒体设备;会场照明、空调设备完好;停车位充足;能安排食宿;租用费用可控,场地是否符合参会者身份、等级等。

(三)会场布置

1. 会场基本设施准备

(1)讲台。要足以放置水杯、电脑、书写文具、镭射笔等,高度要适中。

(2)话筒。准备无线话筒和固定话筒。话筒音量事前调节好,音量不易过大。

(3)写字板及水笔。

(4)视听设备。主要包括计算机、投影仪、录像机、屏幕、音响设备、镭射笔、空调、照明等。

(5)铭牌(也称席卡)。正式会议一般需要安排好参会人员的座席并准备好参会人员的铭牌,在会议开始前排好座席以及铭牌。

(6)茶歇。一般来说,会议都会持续一段比较长的时间,这就需要安排茶歇时间,并准备好茶歇物品。

(7)会标横幅。会标横幅能够有效地凸显会议主题和渲染现场气氛。因此会标与横幅必须体现出会议的内容,并且要在会前准备好。

2. 会场布置基本原则

图4-1-2

（1）切题。根据会议的性质，布置会场时要注意突出会议主题和宗旨。如召开党代表会议的会场，场地布置要求朴素、庄重、大方。

（2）正规。会场布置应有序整洁、有条理。

（3）朴素。从会议实际效果和自身经济能力出发，做到以最小的成本创造最大的经济效益。

（4）实用。会场布置应与会议所需功能相符合。

（5）和谐。会场颜色要协调（墙壁、桌椅、会标、幕布等的颜色）。

（6）协调。会场诸如会标、旗子、影音设备体积等要素大小要协调。

（四）会议准备

1. 资料准备。有关会议议题的必要资料需提前准备。文字资料要做到使阅读者一目了然。

2. 注意合理安排会议议程。可适当安排参观、现场交流等活动，以减轻与会者疲劳，活跃会议气氛。

（五）会议记录

会议时要集中精力做好会议记录。会议记录要求内容翔实。

（六）会议善后工作

会议结束后，要对会议的各类文件资料做好善后工作，需发会议简报或文件的应从速拟发。各类记录、发言稿、原始材料应立案归档。

二、会议的基本礼仪

【情境导入】

某集团公司要开新品发布会，邀请了董事长、部分股东和特邀嘉宾出席。负责布置发布会场地的是这次会议的主持人。他决定用 U 形桌布置会场场地。主持人把自己安排在的某桌横头正中间，其他参会人员安排在 U 形桌的两侧。当天会议开场前，贵宾们纷纷入场，对号入座。当主持人宣布会议开始时，发现会场气氛有些不对劲，有些贵宾相互低语，还有个别贵宾借口有事要离场。主持人不知道发生了什么事或出了什么差错，很尴尬。

训练项目记录单		
日期：_____	班级：_____	组别：_____

训练项目完成情况：

1. 根据情境，思考问题：

①为什么有贵宾相互低语、有贵宾借口离场？

我们的答案：

②主持人为何非常尴尬？他失礼在哪儿？

我们的答案：

2. 实操任务：

根据情境，请重新设计合理的座次，并阐述理由。

自我评价：

小组小结：

【知识加油站】

一、会议座位安排

（一）会议座位安排配置

会场座位安排最好要适合会议的整个风格和氛围。常见的会议座位安排主要有以下几种配置方式：

1. 环绕式（见图4-1-3）。就是不设立主席台，把座椅、沙发、茶几摆放在会场的四周，不明确座次的具体尊卑，与会者在入场后可自由就座。这一安排座次的方式与茶话会的主题相符，也最流行。

图 4-1-3

2. 散座式（见图 4-1-4）。散座式排位，常见于在室外举行的会议。它的座椅、茶几四处自由地组合，甚至可根据与会者个人要求而随意安置。这样就容易创造出一种宽松、惬意的社交环境。

图 4-1-4

3. 圆桌式（见图 4-1-5）。圆桌式排位，指的是在会场上摆放圆桌，请与会者在周围自由就座。圆桌式排位又分下面两种形式：一是适合人数较少的，仅在会场中央安放一张大型的椭圆形会议桌，请全体与会者在周围就座。二是在会场上安放数张圆桌，请与会者自由组合。

图 4-1-5

4. 主席式（见图4-1-6）。这种排位是指在会场上，与会人员被有意识地安排在一起就座。

图4-1-6

（二）会议座次安排

1. 座位安排的基本原则

（1）以右为尊。按照国际惯例，"以右为尊"是普遍适用的次序原则。但是在中国，大多是"以左为尊"。所以，会议座次安排首先要看会议的性质。政务会议、国企内部的大型会议，一般仍然遵守"左为上"的原则；其他商务、社交、涉外活动一般遵循"以右为尊"的国际惯例。

（2）中间为尊。中间的位置为上，两边为下。相比两边的位置，位于中间的人讲话更能使两边的人都清楚地听到，更便于与两边的人进行交流。

（3）前排为上。前排为上，后排为下。"前"总是与"领先"相关。在会议中前排适宜安排更重要的人士。

（4）面门为上。面门为上，背对门为下。面门的位置比背对门的位置更加优越。

2. 依据领导数量安排座位

（1）主席台领导为单数时，主要领导居中，2号领导在1号领导左手位置，3号领导在1号领导右手位置，如图4-1-7所示。

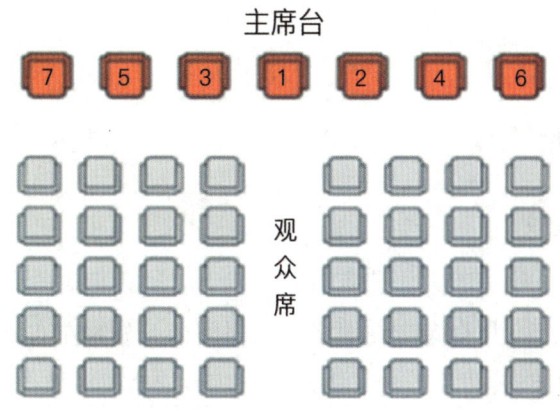

图4-1-7

（2）领导为偶数时，1号和2号领导同时居中，2号领导依然在1号领导左手位置，3

号领导依然在1号领导右手位置（见图4-1-8）。

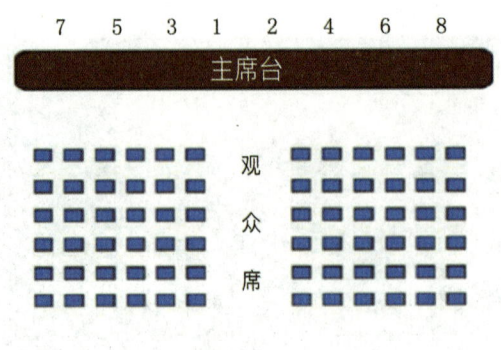

图4-1-8

3. 主宾位次安排

组织会议或进行洽谈时，次序的安排会影响到议事的庄严性，关系到发言次序，甚至影响到参会人员的心情。尤其对商务人士来讲，应该格外注意座次礼仪，明确座次安排（见图4-1-9），找准自己的位置，这是职业素质的表现，也是对商务伙伴的礼遇。

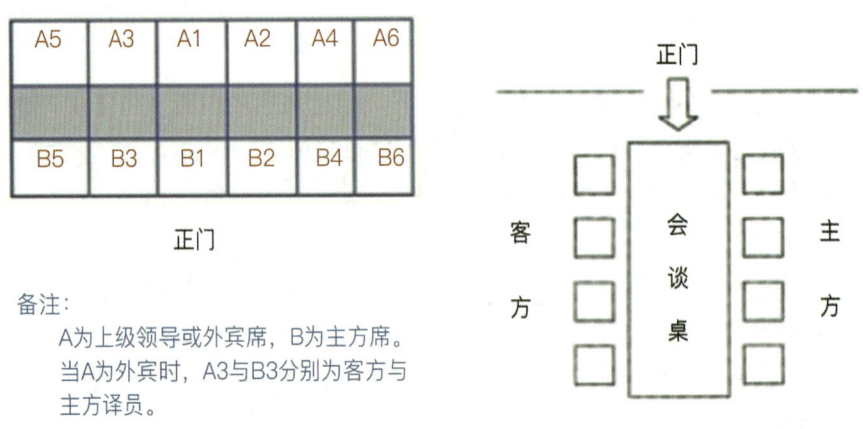

图4-1-9

二、会议人员礼仪

（一）会议参加者礼仪

1. 仪表。衣着整齐，仪表大方。若有着装要求，应该穿相应的服装。

2. 入场。一般情况下，与会者应在规定开会时间前5分钟左右到场，切忌开会时间到了才步入会场，这样会对别人造成影响。进出应有序，依会议安排落座。

3. 听会。保持会场安静是会议顺利进行的基本条件，除正常的鼓掌发言外，禁止出现任何噪声。当自己听取别人发言时，应注意力集中，适当做笔记，还应该注视对方，并在必要时以点头、微笑或掌声表达对对方的支持之意。他人发言结束时，应该鼓掌致意。

4. 离席。轻手轻脚，不影响他人。

（二）会议发言者礼仪

会议发言有正式发言和自由发言两种。前者一般是领导或学者、专家报告，后者一般是讨论发言。

正式发言者，应衣冠整齐，走上主席台应步态自然、刚劲有力，体现一种自信的风度和气质。发言者上台讲话前，可先向与会者行鞠躬礼，发言时应口齿清晰、讲究逻辑、简明扼要。书面发言要时常抬头扫视一下会场，不能低头读稿。发言完毕，应对与会者的倾听表示谢意。

自由发言相对随意，但也需在讲话时注意分寸：讲究顺序和秩序，不宜争抢发言；简明扼要，条理清晰，重点集中。要善于表达自己的独到见解。与他人有分歧时，以理服人，态度平和；听主持人指挥。

（三）主持人礼仪

会议主持人一般由一定职位的人来担任，其礼仪表现对会议能否圆满举行有着重要影响。

1. 主持人应衣着整洁大方，精神状态饱满。
2. 站立主持时应双腿并拢，腰背挺直。切忌出现搔头、揉眼、拦腿等不雅动作。
3. 主持人应思维敏捷，口齿清晰，简明扼要。
4. 主持人应根据会场性质调节会场气氛。

（四）会议服务者礼仪

作为会议服务人员，应体现较高的职业素养。女性服务员宜化淡妆，仪表、仪态要端庄、规范，语调温和亲切，音量适中，讲究文明礼貌。

【练兵场】

请运用本模块所学知识,以小组为单位模拟一场大学交流研讨会。

一、操作步骤

设置情景:标准会议室。设定上级领导、来宾若干人。成立会务组,礼仪服务人员若干人。以小组为单位专题发言。

(一)会前布置、准备

1. 会议议题。高等职业教育人才培养模式创新研讨会。

2. 会议目的。三所高职教育代表集聚一堂交流、学习,共同探讨"高等职业教育人才培养模式创新",也为与会高职院校今后其他方面的合作交流打下良好基础。

3. 会议方案制定审核。明确与会人员、举办时间、地点、人员座位安排、会议记录、摄影、经费支出等。

4. 会场布置。席卡制作与摆放、会场环境布置、音响准备等。

(二)会议中控制

1. 人员签到。

2. 主持人宣布会议开始,介绍来宾及研讨议程等内容。

3. 特约代表致辞。

4. 高职院校以座谈会形式自由探讨会议主题内容。

5. 主持人宣布会议结束,代表相互握手告别或拍照留念。

(三)会务服务及相关注意事项

1. 参会人员要注意与会礼仪:守时,得体。

2. 会议服务要符合礼仪规范:材料发放、茶水服务、礼宾服务、座位安排等。

3. 会场布置及设备等后勤保障到位。

4. 会议结束后,及时整理会场,总结经验和教训,召开总结会议。

二、考核任务

1. 小组自评、互评,各占30%;教师评价40%。

2. 评价指标

评价内容	规范要求	分值/分	评分/分
会前准备	主题、目标明确	10	
	时机、地点选择正确	10	
	场地布置合乎会议主题	10	
	邀请单位、主持人、发言人选择正确	10	
	会议材料准备充分	10	
会议现场控制	来宾与会礼仪	10	
	资料发放规范	10	
	座次安排合理	10	
	发言人用语合乎规范	10	
	主持人能把握会议议题	10	

注：考评满分为100分，60分以下不及格，60~69分及格，70~79分中等，80~89分良好，90分以上优秀。

任务二　掌握商务仪式礼仪

知识目标

1. 掌握商务仪式礼仪的基本内容。
2. 掌握商务仪式礼仪的礼仪规范。

能力目标

1. 能进行简单的商务谈判，会举办基本的商务签约。
2. 利用仪式礼仪知识，提高工作能力和水平。

一、谈判签约礼仪

【情境导入】

英国 A 公司、美国 B 公司欲来中国和中方 C 公司拟就煤炭开采经营项目进行合作。C 公司想控制出口货源，又不能为该项合作投入资金，只想用人力与无形资产进行投资，A 公司和 B 公司代表来华参观考察矿山并与 C 公司进行谈判。

训练项目记录单

日期：_____ 班级：_____ 组别：_____

训练项目完成情况：

1. 根据情境，思考问题：

①你认为这项合作可行性如何？

我们的答案：

②作为中方代表，你拿什么让英美两国公司与我们签下合作协议？

我们的答案：

2. 实操任务：

模拟谈判情景，展示谈判风采。

自我评价：

小组小结：

【知识加油站】

一、商务谈判礼仪定义

谈判，又叫会谈，是指有关方为了各自的利益，进行有组织、有准备的正式协商及讨论（见图4-2-1），互让互谅、求同存异，最终达成某种协议的整个过程。

图4-2-1

商务谈判是商务双方为实现某种商品或劳务的交易进行的协商活动。一般来说若不是在正式场合解决某项重大问题或协议争端，人们习惯称谈判为洽谈。谈判应遵守相互尊重、友好和谐、积极合作、平等互惠的商务原则。

二、商务谈判的基本原则

（一）真诚合作原则

商务谈判是企业进行经营活动和参与市场竞争的重要手段。因此，参与谈判的双方既是竞争者，也是合作者。作为一种合作，商务谈判的最高利益应该是合作互利。谈判要坚持这种合作互利的原则，应从以下几个方面着手。

1. 从双方的实际利益出发，建立和改善双方的合作关系。如果双方都能充分认识到这一点，就能极大地增加谈判成功的可能性。

2. 坚持诚挚与坦诚的态度。任何交易活动，在相互合作、信任的基础上，双方坦诚相待，开诚布公，把自己的观点、要求明确提出来，相互理解，就会大大提高工作效率和相互的信任度。

（二）互利互惠原则

互利互惠在谈判中其实是一种"双赢的概念"。实现这种双赢，需要把握以下方面：

1. 提出新方案。谈判双方有分歧时（见图4-2-2），可以设计出兼顾双方利益的新方案，然后进行协商和充分选择，达到令双方满意的效果。

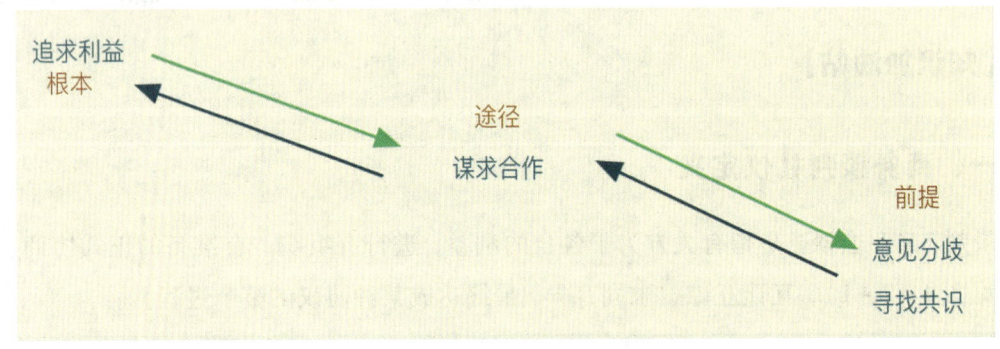

图4-2-2

2. 寻找共同利益。共同利益在每次合作时都存在，但大部分是潜在的，需要挖掘、发现，最好用语言文字表现出来，以便谈判双方了解和掌握。

（三）遵纪守法原则

商务谈判是一种法律行为，它必须遵守国家的有关法律、政策。涉外谈判，还应当遵守国际法则并尊重对方国家的有关法规、惯例等。

（四）诚信原则

这条原则说的是谈判人员的态度问题。谈判过程中，双方都应抱有合作的诚意、高度重视信用问题，以诚相待、信任对方、遵守诺言，在双方之间建立一种互相信任的关系，以为签约后的长期合作打下基础。要知道，任何不诚意的合作都是要破裂的。

三、商务谈判的准备

（一）知己知彼，不打无准备之战

事前调查，选好谈判代表，确定谈判目的，提出多种思路并预先设计好方案，拟定日期、程序及使用技巧策略等。对此准备越充分，谈判时就越有信心。

收集对方的相关资料，了解对方的文化背景和礼仪习惯，有时会对谈判起到意想不到的作用。

（二）选择谈判代表

谈判是双方谈判者实力的较量。谈判成效如何，往往取决于谈判者的知识和心理方面的素质。一名胜任谈判工作的人选，知识面要宽泛，还需了解各国的风土人情和商务习俗，以及谈判项目的相关工程技术知识，同时要具备一种拥有自信心、具有果断力、富于冒险精神的心理状态。

（三）场地选择与布置

谈判场所应当环境优美、交通便利、电信通畅、设备完备。一般选择客场或中立地进行谈判。谈判场所要求严肃、安静。

商务洽谈一般会安排在会议室进行，也可在会客厅。传统和正规的谈判会场，一般选用方桌或长条会议桌。双方人员面对面就座，这种形式庄重而严肃。如果谈判主题不很严肃的话，也可以使用圆形会议桌，团团而坐，可以营造和谐一致的气氛。

四、商务谈判的位次礼仪

不同的入座排序，表达不同的意义。正式谈判的时候，谈判现场对具体入座的位次要求非常严格。总体上讲，谈判位次排列的方式分为双边谈判和多边谈判。

（一）双边谈判

双边谈判多采用长形或椭圆形谈判桌，多边谈判采用圆形桌。无论哪种形式，都应该注意座位的朝向，习惯上，面对门的座位最具影响力。

1. 横桌式。如图 4-2-3 所示。

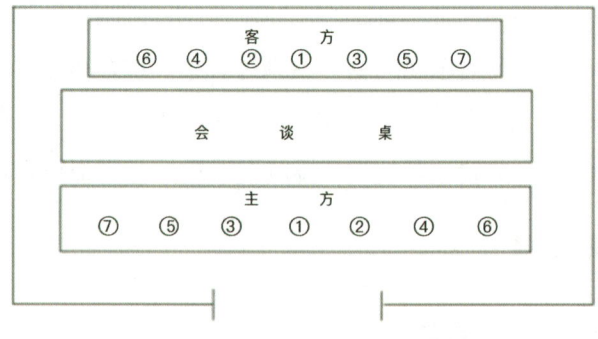

图 4-2-3

2. 竖桌式。如图 4-2-4 所示。

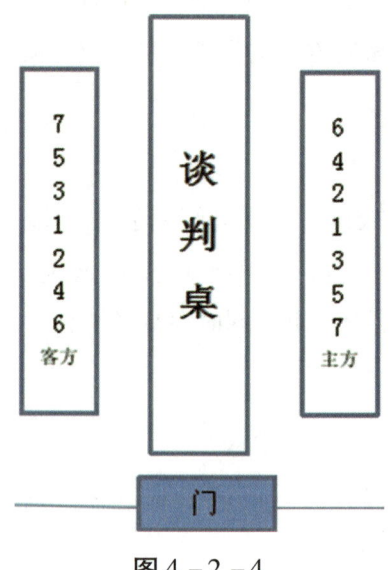

图 4-2-4

（二）多边谈判

多边谈判是由三方或三方以上人士举行的谈判。它的座次分为两种形式：

1. 自由式谈判座次。即各方人士在谈判时自由选择就座，而无须事先正式安排座次。

3. 主席式谈判座次。如图 4-2-5 所示。

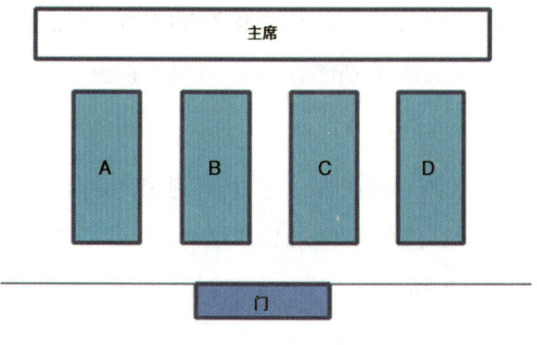

图 4-2-5

（三）签约座次礼仪

签约（见图4-2-6）是谈判成功之后的一种商务活动。一般而言，举行签约仪式时，座次排列共有三种基本形式，分别适用于不同场合。

图4-2-6

1. 并列式。这种排座是举行双边签字仪式时最常见的形式。签字桌在室内面门横放。双方出席仪式的全体人员在签字桌之后并排站立，签字代表居中面门而坐。客方居右，主方居左。

2. 相对式。与并排式排座基本相同，两者之间的主要差别就是将双方参加签字仪式的随员移至签字人的对面。

3. 主席式。主要用于多边签字仪式。签字桌室内横放，签字席设置桌后，面对正门，只放置一个座位。

举行仪式时，所有人员皆背对正门，面向签字席就座。签字时，各方签字代表应以规定的先后顺序依次走上签字席就座签字，然后退回原位。

五、商务谈判禁忌

1. 准备不周。无法得到对手的尊重，己方心理上就矮了一截，谈判中会漏洞百出。

2. 缺乏警戒。对谈判对手叙述的情况和某些词汇不够敏感，无法抓住重点，无法迅速而充分地利用洽谈中出现的有利信息和时机。

3. 脾气暴躁。生气时不容易做出明智的判断，还会承担不必要的风险，也给对方留下不良的印象，使日后谈判处于被动地位。

4. 自鸣得意。骄傲容易暴露自己的缺点，同时会失去深入了解对手的机会。骄傲会令你产生不尊重对方的言行，激化对方的敌意和对立，增大谈判的难度。

5. 不留情面。斩尽杀绝会失去别人的尊重，也可能影响自己的职业生涯。

6. 轻诺寡信。不要为了满足自己的私心，越权承诺或承诺做不到的事情。为商信誉为本。

7. 仓促草率。它的后果之一是：被对手认为是对他的不重视，从而无法赢得对方的尊敬。

8. 过分紧张。这是缺乏经验和自信的表现。容易让对手抬高谈判砝码,从而无法达到设定的目的。

【练兵场】

请运用本模块所学知识,以小组为单位模拟一场商务谈判。

一、操作步骤

1. 确定谈判主题;
2. 选定谈判人员;
3. 选定谈判地点;
4. 布置谈判场所;
5. 谈判达到目标;
6. 商务谈判策略运用;
7. 签约双方达成一致。

二、考核任务

1. 小组自评、互评,各占30%;教师评价占40%。
2. 评价指标

评价内容	规范要求	分值/分	评分/分
谈判前准备	主题、目标明确	15	
	座次安排合理	15	
	人员选择合理	15	
	会议材料准备充分	15	
谈判现场控制	谈判人员言行举止合乎礼仪	15	
	谈判策略及技巧运用恰当	20	
	签约仪式合乎礼仪	15	

注:考评满分为100分,60分以下不及格,60~69分及格,70~79分中等,80~89分

良好，90 分以上优秀。

二、开业剪彩礼仪

【情境导入】

华利达服饰有限公司在业界经营的风生水起。2018 年为庆祝第十家分店在苏州开业落成，准备举行一场开业庆典剪彩仪式。王爽是该公司的公关部经理，负责此次开业庆典的剪彩活动。她该如何组织实施此次的开业庆典剪彩仪式？

训练项目记录单

日期：_____   班级：_____   组别：_____

训练项目完成情况：

1. 根据情境，思考问题：

①请你为王爽拟订一个开业庆典剪彩仪式方案，让她在这次活动中声名远扬。

我们的答案：

②说说开业仪式的礼仪注意事项。

我们的答案：

2. 实操任务：

模拟庆典活动情景，展示企业形象。

自我评价：

小组小结：

【知识加油站】

一、开业仪式

开业庆典仪式（见图 4－2－7）是指在单位创建、开业、项目完工、落成、某一建筑物正式启用或某项工程正式开始之际，为了表示庆祝或纪念，按照一定的程序，隆重举行的一种专门仪式。如深港澳大桥正式通车运行当天，政府就举行了一场庆典仪式。

随着对外交往的增加和经济事业、公共关系事业的发展，举办开业仪式的活动逐渐增多。这种仪式既可以为自己庆贺，又可以引起社会各界的关注，提高自己的知名度。因此，开业仪式往往受到商家、政府机关及其他当事者的重视。

开业仪式的礼仪，一般是指在开业仪式筹备与活动的具体过程中应当遵守的礼仪惯例。它包括两项基本内容，一是做好筹备，二是如何运作。

图 4-2-7

（一）开业仪式准备工作

开业仪式的准备工作是极其重要的，它关系到开业仪式的成功与否，进而关系到企业开张的顺利与否、企业业务的开展和企业的社会形象，是一项重要的基础性工作。

筹备开业仪式，要遵循"热烈""节俭""缜密"三大原则。具体来说，筹备开业典礼时，对于舆论宣传、来宾邀请、场地布置、接待服务、礼品馈赠、程序拟定六个方面的工作，要事先安排落实。

1. 宣传工作

开业仪式的目的是塑造企业良好形象，引起社会各界的关注，争取社会公众的认可或接受。为此要注重常规工作：一要选择有效的大众传播媒体进行集中广告宣传；二是邀请大众传播界人士到现场参加开业庆典活动，以便于进一步扩大影响。

2. 拟出宾客人员名单

除上述媒体记者外，参加开业仪式的人员还应包括：政府相关部门领导、社会知名人士、同行业代表等，同时也应列出本企业参加开业仪式的领导、员工代表、服务人员名单。

开业仪式影响力的大小，往往取决于来宾的身份高低和数量多少。有条件者可多邀请来宾来参加开业仪式。为慎重起见，应使用请柬由专人提前送达拟邀来宾手中。

3. 布置开业仪式现场

开业仪式的现场一般选在企业、商场、酒店的正前门。现场布置要突出喜庆、隆重的

气氛,标语彩旗、横幅、气球大多必有。此外,有的企业还准备了鼓乐、飞鸽等对气氛加以烘托渲染。需要注意的是:

(1)现场应有开业仪式的主横幅,如"深圳礼仪公司深韵文化隆重开业"等字样;

(2)现场需有摆放来宾赠礼的位置,如花篮、花牌;

(3)遵守城市管理规定,不鸣放鞭炮,或改用环保型的电子鞭炮;控制音响或鼓乐声;

(4)规模较大的开业仪式应有安全方面的预案,也可约请相关职能部门协调指挥。

4. 做好接待服务工作

有专人负责开业现场来宾接待服务工作。本单位员工要以主人翁的身份热情待客,有求必应。有条件者可为来宾准备专用停车场、休息室,并安排饮食。

5. 做好礼品馈赠工作。

6. 做好程序拟定工作。

(1)开场——奏乐,邀请来宾就位,宣布仪式开始,介绍主要来宾。

(2)过程——是开业仪式的核心。包括企业负责人讲话,来宾代表致辞,启动开业标志性活动等。

(3)结局——宾主现场参观、座谈等。

为仪式顺利进行,在筹备之时,应认真草拟整体程序,选好称职的仪式主持人。

(二)开业仪式种类

1. 开幕仪式

开幕仪式的主要程序如下:

(1)宣布仪式开始,全体肃立,介绍来宾。

(2)邀请专人揭幕或剪彩。

(3)企业负责人致答谢词。

(4)来宾代表发言祝贺。

(5)陪同来宾参观。

2. 开工仪式(见图4-2-8)

图4-2-8 开工仪式常规程序图

3. 破土仪式(见图4-2-9)

破土仪式主要是指在道路、河道、水库、桥梁、电站、厂房、机场、码头、车站等建设正式开工之际,专门举行的动土仪式。

图 4-2-9

二、剪彩仪式

剪彩仪式是指在举办展览会、展销会或新设施、新设备竣工启用时举行的剪断红色缎带的一项隆重的礼仪性庆典活动。

（一）剪彩仪式的准备工作

1. 场地、设备

首先，剪彩的准备必须一丝不苟。与其他庆典仪式一样，准备工作中要涉及场地的布置、环境的卫生、灯光与音响的准备、媒体的邀请、人员的培训等内容。在准备这些方面时，必须认真细致、精益求精。

其次，要准备剪彩仪式上所需的某些特殊用具，诸如红色缎带、新剪刀、白色薄纱手套、托盘以及红色地毯。

2. 确定剪彩人员

剪彩的人员必须审慎选定。剪彩人员主要由剪彩者与助剪者组成。

（1）按照惯例，剪彩者可以是一个人，也可以是几个人，但一般不应多于5人。通常，剪彩者多由上级领导、合作伙伴、社会名流、员工代表或客户代表所担任。

剪彩者是仪式的主角。特别要重视礼仪规范：

●仪表着装——庄重、整齐、干净、正规、严肃。中山装、西装或职业制服均可。

●举止行为——稳重、洒脱、优雅。

●尊重主办单位，配合仪式进程。提前到场，交流谈心，善始善终。

（2）助剪者，就是礼仪小姐。对她们的现场礼仪要求如下：

●装束——淡妆，盘发，统一着装（一般以单色旗袍为佳）。除戒指、耳环或耳钉外，不佩戴其他任何首饰。

●举止行为——站立行走规范，整齐有序，动作一致。保持微笑。

● 工作责任心强。

3. 拟定来宾名单

（二）剪彩仪式的程序

一般来说，剪彩仪式宜紧凑、忌拖沓，在所耗时间上越短越好。短则一刻钟，长则不宜超过一小时。

1. 嘉宾入场。剪彩仪式开始前五分钟，嘉宾便应在礼仪小姐的引领下集体入场。一般来说，嘉宾中的剪彩者应前排就座，座位上应事先放好席卡，中央级的来宾只写"首长"，其他人可直接写姓名。

2. 仪式开始。由企业主要负责人宣布仪式开始，奏乐、鸣炮（有的地方禁鸣则免），然后介绍到场的嘉宾并对他们的到来表示感谢。

3. 宾主讲话。由主办单位代表、上级主管部门代表、合作单位代表以及社会知名人士先后发言。讲话的内容应具介绍性、鼓动性、祝贺性，做到短小精悍、言简意赅。

4. 进行剪彩。礼仪小姐引领剪彩者按主办单位的安排，站立在确定的位置上。剪彩者要"一刀两断"剪断红绸，彩球落盘时，全体人员应热烈地鼓掌。如图4-2-10所示。

图 4-2-10

5. 后续活动。剪彩过程结束，主办单位可安排一些文艺、参观、联谊、座谈、签名、题词、就餐或继续参观等后续活动，具体做法可因剪彩内容而定，最后可以向来宾赠送一些纪念品，热情欢送他们离去。

【练兵场】

请运用本模块所学知识,以小组为单位模拟一场开业剪彩仪式。

一、操作步骤

1. 请来宾按事先安排好的顺序就位;
2. 宣布仪式开始、音乐响起,全场鼓掌,介绍重要来宾;
3. 奏庆典喜庆乐曲;
4. 代表发言,每人不超过3分钟;
5. 进行剪彩;
6. 安排参观。

二、考核任务

1. 小组自评、互评,各占30%;教师评价占40%。
2. 评价指标

评价内容	规范要求	分值/分	评分/分
场地、主席台布置	喜庆、欢快气氛	20	
剪彩人	衣着大方、整洁、挺括,容貌精神,举止大方得体	20	
礼仪小姐	仪容端庄,仪态优雅,着装美观	20	
剪彩用具	红色地毯、托盘、新剪刀、白色薄纱手套、红色缎带	20	
剪彩流程	内容安排合理、有序,时间把控的好	20	

注:考评满分为100分,60分以下不及格,60~69分及格,70~79分中等,80~89分良好,90分以上优秀。

项目五 涉外商务礼仪

项目五 涉外商务礼仪

知识目标

1. 理解涉外商务礼仪的基本原则。
2. 掌握世界主要国家的礼仪常识。

能力目标

能够在涉外商务活动中正确使用涉外礼仪。

【情境导入】

今天王爽负责接待一位英国客户,客户对她的评价很高,认为她服务态度很好,语言水平也很高,便夸奖王爽:"你的英语讲得好极了!"王爽马上谦虚地回应说:"我的英语讲得不好。"英国客户听了有些不太高兴,说道:"英语是我的母语,难道我不知道英语该怎么说?"

训练项目记录单
日期：_____　　班级：_____　　组别：_____
训练项目完成情况：
1. 根据情境，思考问题：
①请问王爽的回答有何不妥之处？
我们的答案：
②中英文化和礼仪的差异在哪里？
我们的答案：
2. 实操任务：
演示一下王爽应该怎样回应英国客户的赞美。
自我评价：
小组小结：

【知识加油站】

在涉外活动中，既要向交往对象表达友好之意，又要维护好国格和人格。只有把握好涉外礼仪中的几个核心作用要素，才能塑造良好的国际交往形象，获得良好的交往效果，实现交往的预期目标。

一、涉外商务礼仪应遵循的原则

（一）尊重习俗，求同存异

由于各民族文化的差异，世界各国都拥有许多独具特点的风土人情，给不同文化背景的人之间的互相理解与和睦相处带来了极大困难。在了解的基础上理解，在理解的基础上尊重，古人早就要求人们要"入境问禁，入国问俗，入门问讳"，其意就是要充分了解交往对象的相关习俗。世界各国的礼仪与习俗都存在着一定程度的差异性，重要的是要了解这种差异，要遵守"求同存异"的原则。"求同"就是要遵守礼仪的"共性"，"存异"则是不可忽略礼仪的"个性"。所谓入乡随俗，就是在前往其他国家或地区工作、学习、参观、访问、旅游的时候，要对当地所特有的风俗习惯加以认真地了解并尊重，自己的言行要符合当地的风俗，不宜触犯禁忌。

（二）讲究形象，不卑不亢

在与外国人的交往过程中，每一个人都必须意识到，自己在外国人眼里代表着国家、民族、所在的单位形象。因此，其行为应当从容得体、堂堂正正，不应过度自卑，要以自尊、自重、自爱和自信为基础，表现得坦诚乐观、豁达开朗、从容不迫、落落大方。

"卑"和"亢"都是置对方或置自身于不平等位置的交往态度。"卑"有背自身人格甚至国格；"亢"则显得虚张声势，也会伤及对方的自尊。在外国人面前，既不应该表现得畏惧自卑、低三下四，也不应该表现得自大狂傲、放肆嚣张。在生活与工作中，要视祖国的利益高于一切，坚决维护国家的主权和民族的尊严。原则问题一定要坚持，丝毫不可含糊，绝不做任何有辱国格的让步。

（三）尊重隐私，交往有度

在国际交往中，普遍讲究尊重个人隐私。以下六方面均被视为个人隐私：收入支出、年龄大小、恋爱婚姻、身体健康、家庭住址、个人经历。

在与外国人打交道时，除了尊重隐私，对其热情友好外，还需要把握好具体分寸。否则会事与愿违，过犹不及。具体而言，要掌握好以下四个"度"。

1. 关心有度，即不宜对外国友人表现得过于关心。

2. 距离有度，即不宜与国外友人靠得过近或过远，过近会不礼貌，过远则显得冷淡疏远。

3. 举止有度，即在与外国人相处之际，不要随便采用某些显示热情的动作，如拍拍肩膀，同性在街上携手而行；不要做不文明、不礼貌的动作，如强行劝酒、猛吃猛喝、用中国话开玩笑等。

4. 谦虚有度，中国人大都喜欢自谦自贬，很少自我肯定。在对外交往中，要敢于肯定自己，切勿随便否定自己。

（四）关爱女性，爱护环境

在西方社会，人们普遍认为，讲究女士优先的原则是男士培养高雅风度和精神文明的前提。西方社会中，人们普遍认为在一切社交场合，每一名成年男子都有义务主动地、自觉地以自己的行动去尊重妇女、照顾妇女、关爱妇女、保护妇女，并要想方设法为妇女排忧解难。倘若因男士的不慎而使妇女处于尴尬、困难的处境便意味着男士的失职。外国人强调"女士优先"，并非因为妇女被视为弱者，值得同情、怜悯，更重要的是他们将妇女视为"人类的母亲"。

除了关爱女性，在日常生活中，每个人都有义务对人类赖以生存的环境自觉地加以爱惜和保护，爱护环境已被视为有没有教养、讲不讲社会公德的重要标志。具体而言，要对以下八个方面倍加注意：不可毁损自然环境；不可虐待动物；不可损坏公物；不可乱堆乱挂私人物品；不要乱扔乱丢废弃物品；不可随地吐痰；不可到处吸烟；不可任意制造噪声。

二、亚洲主要国家的礼仪与禁忌

（一）日本

无论在职场还是在谈判活动中，日本人常常使用敬语进行交流，注重"待遇表现"。敬语主要包括三大部分：尊敬语、谦让语和郑重语。尊敬语用于对方或第三者的行为、事物、状态等，以抬高其身份。谦让语用于自己一方指向对方或第三者的行为、事物等，以抬高所指向对象的身份。郑重语表示对谈话或者合作对象的礼貌。日语口语的表达特点之一就是根据说话人和听话人、进入话题中的人物之间的权势关系和亲属关系等，来选择得体的语言表达，日语中一般叫作"待遇表现"。"待遇表现"是日语敬语的一个重要部分，是语言中的一种定型表达方式。

在商务活动中，日本人很注重着装行为的得体。男士要留短发，西装革履，衬衫不可透明，领带要尽量为条纹或水珠式花纹等，要戴手表，不要用手机看时间。女士的头发不要遮住脸，西服套裙裙子要遮过膝盖，衬衫看上去要高雅有品位，首饰不要过于招摇，戒指只能带一个，尽量要穿无带、无扣儿的皮鞋等。

日本人商务活动中的肢体行为更为讲究：

1. 初次见面时，与对方之间的距离要留有鞠躬的空间，因为日本人鞠躬是常见的礼节。如果距离太近会让人感到尴尬或使人感到不重视对方。

2. 日本人的鞠躬礼，特别是女性，有45度的深鞠躬，有30度的普通鞠躬，还有15度的轻鞠躬。鞠躬时手指要并拢，男性双手要靠紧裤线，女性双手靠前自然下垂。

日本文化是商务礼仪产生的基础，独特的日本文化也赋予了商务礼仪以独特内涵。岛国的农耕文化可以说是日本文化的基础，稻作文化造就了日本人"集团利益优先于个人利益"的理论概念。这一点也充分地体现在日本商务礼仪当中，并对其产生了很大的影响。在商务谈判中，日本人非常重视团队意识，从不搞脱离集团的单打独斗式谈判，在公共场合从来不为个人的私下感情所左右，所以日本人做事不强调人（这里指个人）而重视集团团体的作用。日本人也承认他们的集团归属意识很强，甚至有人说日本人离开了集团什么都将一事无成。

宗教信仰使日本人的商务礼仪多元化，在商务活动中，日本人注重的是成功率。在和其他国家进行商务谈判之前，总要研究好对象国的人情世故，投其所好地按照对方的礼仪礼节去接触对方，给对方一个好印象，这是谈判成功的第一步。可以说，日本的商务礼仪是集经济发达国家之大成，尤其是年轻人，他们接受不同宗教、不同地域、不同文化影响的能力特别强，善于接受那些流行的、简明实用的礼仪文化，但日本人绝不会忘记自己民族的精华。

以礼传情让日本人的商务礼仪起到了"四两拨千斤"的作用。人们都知道日本人在对外活动中常常给人小礼物，小礼物会拉近、润滑人与人之间尤其是谈判双方之间的关系，这样做有利于商务活动的顺利进行。

（二）韩国

在正式交际场合，韩国人一般采用握手的方式作为见面礼。韩国女性一般不与男子握手，而往往代之以鞠躬或者点头致意。韩国人在不少场合也采用先鞠躬后握手的方式。同他人告别时，若对方是有地位、有身份的人，韩国人往往要多次行礼。个别的韩国人甚至讲一句话道别，行一次礼。

一般情况下，韩国人在称呼他人时爱用尊称和敬语，称呼对方头衔。韩国人非常讲究预先约定，遵守时间，并且十分重视名片的使用。

韩国人的民族自尊心很强，他们强调所谓"身土不二"，反对崇洋媚外，倡导使用国货。在韩国，一身外国名牌的人往往会被韩国人看不起。需要向韩国人馈赠礼品时，宜选择鲜花、酒类或工艺品，但是最好不要送日本货。韩国人用双手接礼，但不会当着客人的面打开。韩国民间仍讲究"男尊女卑"。男女一同就座时，女人应自动坐下座，并且不能坐得高于男子，女子不得在男子面前高声谈笑。

韩国人崇尚儒教，尊重长辈，长辈进屋时大家都要起立祝他们高寿；和长者谈话时要摘掉墨镜；乘车时，要让座给老年人；吃饭时应先为老人或长辈盛饭上菜，老人动筷后，其他人才能吃。

韩国政府规定，公民对国旗、国歌、国花必须敬重。不但电台要定时播放国歌，而且影剧院放映演出前也要放国歌，观众须起立。外国人在上述场所如表现得过分怠慢，会被认为是对韩国和韩族的不敬。照相在韩国受到严格限制，军事设施、机场、水库、地铁、国立博物馆以及娱乐场所都是禁照对象，在空中和高层建筑拍照也都在被禁之列。

（三）菲律宾

到了菲律宾，美国人和欧洲人通常感觉像在国内一样，因为那里的文化习俗超越了民族或地域的界限，反映了多年来西班牙和美国对其的影响。当地人一般都喜欢美国人并竞相模仿美国的生活方式。在政府机构、企业和教育领域都通用英语。菲律宾市场基本上仍在美国控制之下，许多大工业产销公司为美国人所设。菲律宾商人多在美国受过教育，上层社会的人由于受西方社会的影响，盛行"女士优先"的风气。他们无论做什么事，一般都习惯对女士给予特殊的关照。但是在农村，由于女子多于男子，所以妇女的地位很低。菲律宾人家庭观念很强，一般都特别喜欢谈论和赞美他们的家庭。

菲律宾人最爱茉莉花，认为茉莉花芳香四溢，给人以幸福和美好的印象。人们都尊其为国花，并视其为纯洁、情操和友谊的象征，还将其视为表达爱情的信物。

菲律宾人在社交场合与客人相见时，无论男女都习惯以握手为礼。在与熟人或亲朋好友相见时，一般都很随便，常以拍肩膀示礼。年轻人与长辈相见时，要吻长辈的手背，以示对老人的敬重。年轻姑娘与长辈相见时，则要吻长辈的两颊以为礼。晚辈遇见长辈时，说话前要把头巾摘下放在肩上，深深鞠躬，并称呼长辈为"博"（意为大爷）。伊斯兰教徒见面时，要施双手握手礼，在户外相见若没戴帽子，则必须用左手捂头。正规场所中，有身份的菲律宾人都讲究穿着本国的国服。男子所穿国服名叫"巴隆·他加禄"，女子所穿的国服叫作"特尔诺"，由菲律宾前总统阿基诺夫人身体力行地推广。平时菲律宾男子爱穿色彩鲜艳的宽松上衣，下身则围以长至踝部的纱笼，头上系一块手帕，并且要在右边打结。菲律宾妇女则往往爱穿白色或浅色裙式棉布长衫。菲律宾人多爱穿拖鞋。不过在对外交往中，菲律宾人会穿西装。

在菲律宾，拜访商界或政府办公厅，宜穿保守式样西装，且须事先预约，由秘书安排。菲律宾人的时间观念不很严格，但客人最好准时赴约。

商务洽谈中，对于对方提出的无理要求，要明确地予以回答，不能暧昧不明。选举期间，禁止喝酒，商店里禁止售酒。给菲律宾人送礼的话，如鲜花，应在到达时就献上。按惯例，在参加晚宴或其他社交集会之后要送去一件礼品或一封感谢信。宴席上，你给主人的最好赞美是吃得津津有味。要注意，在菲律宾"13"这一数字是厄运、灾难的象征，人们对它讳莫如深。他们还认为，人的左手是不干净的，所以不可以用左手接触他人。菲律宾天气炎热，圣诞节、复活节及中国农历新年春节前后不宜安排访问。除马尼拉市外，饮水、吃生果均需格外注意卫生。

（四）泰国

在泰国，在众目睽睽之下与人争执或是表现得咄咄逼人都是最可耻的行为。由于左手被视为不干净的，所以交换名片、接收物品，都必须使用右手。

访问政府办公厅宜穿西装。商界见面只需穿着衬衫，打领带即可。拜访大公司或政府办公厅须先预约，准时赴约是一种礼貌。宜使用英文、泰文、中文对照的名片，这在当地两天即可印妥。

泰国人非常重视人的头部而轻视两脚，认为头是灵魂所在，是神圣不可侵犯的，切记勿触摸别人的头，即使是摸小孩子的头也不行。中国人常常因为喜爱孩子才去摸他们的头，泰国人则认为头部被他人触摸是奇耻大辱。又如，长辈在座晚辈必须坐在地下，或者蹲跪，以免高于长辈的头部，否则就是对长辈的不敬；坐着的人也忌他人拿着东西从自己头上过。如果用手打了小孩子的头，则认为小孩一定会生病。

泰国人特别尊崇佛祖和国王，佛祖和国王在泰国人心目中是至高无上的，切不可当着泰国人的面说对佛祖和国王轻率的话。

在泰国人面前，盘腿而坐或以鞋底对着人是不礼貌的。无论是坐着还是站着都不要让泰国人明显地看到你的鞋底。商务谈判坐下时，千万别把鞋底露出来，因为这在泰国被认为是极不礼貌、极不友好的表示。脚除了走路之外，不可做其他用途。例如，用脚踢门会受到当地人的唾弃；用脚给人指东西，也是失礼的表现。

泰国人很难对一种事迅速作出决断，所以外人千万不要表现出不耐烦。和泰国商人相处，不要夸耀自己国家的经济，不要盘问对方有几个太太。

如果不是在相当西化的场合，泰国人见面时不握手，而是双手合十放在胸前。初到泰国要注意当地人所行的合掌见面礼，泰国话叫作"Wai"，外国人也可以照样行礼，双手抬得越高，表示对客人越尊重，但双手的高度不能超过双眼。一般双掌合起应在额至胸之间，注意地位较低或年轻者，应先向对立者致合掌礼。唯和尚可不受约束，不必向任何人还合掌礼，即使面见泰王和王后，也不用还礼，只是点头微笑致意。

泰国人不是按姓来称呼对方，如"陈先生""张女士"等，而是按照名字称"建国先生""秀兰女士"。到泰国人家做客，进屋时先脱鞋。在和泰国人的交往中可以送些小的纪念品，送的礼物应事先包装好。送鲜花也很合适。

（五）斯里兰卡

1. 崇尚佛教

在这个古老的佛教国家里，全国各地一共有大小寺庙6500多座。寺庙不仅仅是人们进行宗教活动的场所，在某种意义上，它又是教育中心和医疗中心。大多数寺庙都设有佛教学习班，每个星期天均由寺庙长老法师讲授数理和佛教常识。寺庙中的大多数僧侣还精通医道，特别是对中医和草药深有研究，因此，许多病人都去寺庙求医。在斯里兰卡，不可误认斯里兰卡人为印度人，不可歧视僧侣。在参观佛教寺庙时，进院必须脱鞋袜和帽，赤脚而入。比较有身份的代表团参观时，还应对寺庙进行适当的捐赠。对一般人来讲，进寺庙时应买几朵洁白的睡莲献给神像，以示诚意。斯里兰卡人问候僧侣时没有握手的习惯（外国人除外），常是跪在地上双手合十，以此来表示敬意。

在斯里兰卡，和尚的地位崇高无比。你会经常看到一般市民跟和尚交谈的场景，他们有一个特点，那就是一般人绝不可坐在高过和尚的位置上。他必定设法使自己的头低于和尚的头，即使是总统或总理，也应严守这个原则。因此，从事商务、旅游的人须"入乡随俗"，不能大意。富裕人家有个习惯，就是经常请和尚吃饭。为了接待和尚，天大的事他们也可以放下不管，包括洽谈商务。

2. 注重礼节

因为曾经是英国的殖民地，斯里兰卡受英国传统文化的影响很深，至今仍保留不少英国习惯，人们见面时也像英国人那样文质彬彬地握手问候。斯里兰卡人好客，讲礼貌，会谈或会议之前有向客人献茶的习惯。斯里兰卡人喜欢社交，而且会使用英语，但如果会僧伽罗语，能使对方感到更加亲切。斯里兰卡人很乐于助人，你若不识路，他们就会尽量详细地给你指出路线，如果他们有时间的话，还可能陪着你到你要去的地方。

斯里兰卡人很注重礼节。无论何时何地，人们见面时或者说"再见"的时候，都习惯性地双手合十。当地人习惯把双手举到脸部前才"合十"，这种招呼显得比握手还要高尚、文雅，令人有一种"仙风道骨"之感。必须注意的是，在双手合十的时候不要同时点头，只需双手合十，微微笑道："啊哟宝温（你好）。"这既是见面的问候语，又是告别的祝词。

（六）新加坡

新加坡见面礼多为握手礼。华人往往习惯于拱手作揖或者行鞠躬礼，马来人则大多采用其本民族传统的"摸手礼"。在新加坡，不讲礼貌不仅会让人瞧不起，而且还会寸步难行。对某些失礼之举，在新加坡也有明确的限制，如在许多公共场所，通常竖有"长发男子不受欢迎"的告示，以示对留长发男子的反感和警告。而且，新加坡人对讲脏话的人深表厌恶。

新加坡人的国服，是一种以胡姬花作为图案的服装。在国家庆典和其他一些隆重的场合，新加坡人经常穿着自己的国服。

在政务活动和商务交往中，新加坡人的着装讲究郑重其事。男子一般要穿白色长袖衬衫和深色西裤，并且打上领带；女子则须穿套装或深色长裙。在对外交往中，新加坡人大多按照国际惯例穿深色的西装或套裙。

在日常生活里，不同民族的新加坡人的穿着打扮往往各具其民族特色。华人的日常着装多为长衫、长裤、连衣裙或旗袍，马来人最爱穿巴汝、纱笼，锡克人则是男子缠头、女子身披纱丽。

在许多公共场所，穿着过分随便者，如穿牛仔装、运动装、沙滩装、低胸装、露背装、露脐装的人，往往被禁止入内。

由于新加坡人多为华人，而新加坡华人绝大多数祖籍又为广东、福建、海南和上海等地，因此他们在饮食习惯上与其他"龙的传人"可以说是大同小异，中餐通常是他们的最佳选择。

新加坡华人因为籍贯方面的缘故，口味上喜欢清淡，偏爱甜味，讲究营养，平日爱吃米饭和各种生猛海鲜，对于面食不太喜欢。粤菜、闽菜和上海菜，都很受他们的欢迎。

在设宴款待新加坡人时，在安排菜单方面务必要注意因民族而异。必须谨记，马来人忌食猪肉、狗肉、自死之物和动物的血，不吃贝壳类动物，不饮酒；印度人则绝对不吃牛肉。在用餐时，无论马来人还是印度人都不用刀叉、筷子，而惯于用右手直接抓取，但是他们绝对忌用左手取用食物。对其他人的这种做法，他们也绝对难以容忍。

在一般情况下，新加坡人特别是新加坡华人，大都喜欢饮茶。当客人到来时，新加坡人通常都会以茶相待。每逢春节来临之际，新加坡华人经常还会在清茶中加入橄榄后饮用，并且称之为"元宝茶"。他们认为，喝这种茶可以令人"财运亨通"。平时，新加坡华人还有经常饮用加入一定配方的中药后制成的补酒的嗜好，鹿茸酒、人参酒等都是他们常饮的杯中之物。

对于各种鲜花，尤其是自己的国花，新加坡人酷爱无比。在通常情况下，新加坡人有在装饰华美、花草繁多的环境中会客、宴请或是休息的习惯。

受华人传统文化的影响，一般而言，新加坡人在人际交往中崇尚清爽卫生。对于蓬头垢面、衣冠不整、胡子拉碴的人，新加坡人大都会侧目而视。

在色彩方面，绝大多数的新加坡人都非常喜欢红色。他们认为，艳丽夺目的红色是庄严、热烈、喜庆、吉祥的象征，而且还具有激励人们奋发向上的作用。在一般情况下，过多地采用黑色、紫色不为新加坡人所欢迎。在他们的意识里，黑色、紫色代表着不吉利。另外，新加坡人对白色也普遍看好，视之为纯洁与美德的象征。新加坡目前的国旗，就是由红色和白色两种色彩构成的。

就数字而论，新加坡人对"4"与"7"这两个数字的看法不太好。这主要是因为在华语中，"4"的发音与"死"相仿，而"7"则被视为一个消极的数字。在新加坡华人看来，"3"表示"升"，"6"表示"顺"，"8"表示"发"，"9"表示"久"，都是吉祥的数字。

在日常生活中，新加坡华人对传统民俗非常讲究，吉祥字、吉祥画在他们的周围随处可见。最受他们喜爱的吉祥字有"喜""福""吉""鱼"等。最受他们欢迎的吉祥画，则有表示"平安"的"苹果"，表示"和平"的"荷花"，表示"力量"的"竹子"，表示"幸运"的"蝙蝠"等。

与新加坡人攀谈时，不仅不能口吐脏字，而且还需要多使用谦词、敬语。与此同时，对于话题的选择务必加以注意。最受新加坡人青睐的话题，主要是运动、旅游、传统文化以及有关经济建设方面的成就。对于新加坡国内的政治、宗教、民族问题，执政党的方针政策，领导人的选拔，以及新加坡与邻国的关系问题，最好不要涉及。

新加坡的华人大都很讲"面子"，并且"乡土观念"极强。与其进行交往时，千万不要不给对方"面子"。要是能用"家乡话"与其进行交谈，则必会大受欢迎。

有一点要特别注意，那就是新加坡人对"恭喜发财"这句祝颂词极其反感。他们认为，这句话带有教唆别人去发不义之财、损人利己的意思。在商业活动中，宗教词句和如来佛的图像也被禁用。

在新加坡，人们普遍讲究社会公德。政府通过采用"法"与"罚"这两大法宝，去促使人们提高社会公德意识。在今日的新加坡，讲究社会公德可以说早已是有法可依、有法必依、执法必严、违法必究。到新加坡时，对于这方面的情况，必须心中有数。例如，在新加坡，人们不准嚼口香糖，过马路时不能闯红灯，大小便之后必须冲水，在公共场合不准吸烟、吐痰和随地乱扔废弃物品。不然的话，就必受处罚，需要交纳高额的罚金，有时还会吃官司，甚至被鞭打。

三、欧洲主要国家的商务礼仪与禁忌

（一）英国

英国人特别重视繁文缛节，世界上的大多数行政体系都是他们设计的。英国人认为非常完整的行政体系就是一种规矩，所以与英国人做事情不要走捷径，不要绕弯子，也不要跟英国人打擦边球，他们喜欢一板一眼。这是英国人的习惯。而且英国人很注意风度，所以尽管再不同意，也不要让人家难堪。时间一到下午就喝下午茶，这是他们的习惯。

（二）法国

法国人认为自己的民族是一个非常优雅的民族，所以在法国人面前尽量穿得体面一点。与法国人讲话多讲一点有关你的艺术修养和文学修养，给法国人送报告千万不要写错字。在法国人面前做事情，要有条不紊，东西要整理得非常漂亮。而且与法国人在一起，要表现出生活的优雅。

作为管理者，我们要养成一个习惯，遇到不同民族和国家的人，研究一下他们的文化特色是什么，这样可以使我们自己不犯忌讳，如此与他们处理事情的时候，就会非常愉快，很容易达到我们的目的。很多人在工作中，由于文化间的差异，结果造成误解，这种情况要避免发生。

（三）德国

德国是一个贸易大国，其经济发展与国民特性息息相关。因此，初次与德国人接触的企业家，了解德国的商务礼仪，具有非常重要的意义。

在德国，男士宜穿着背心三件式西装，女士则穿裙式服装。一般来说，德国人的服饰民族色彩并不明显。但有几个地区在服饰方面却很有特点，如男士帽上插有一根羽毛。

德国人的生活习惯比较简单，早餐喜欢咖啡、小面包、黄油和果酱，或少许灌肠和火腿。午餐比主餐稍丰富，主食大多为肉类。他们大多数人不喜欢吃鱼，只有北方沿海地区少数居民才吃鱼。但德国人爱吃马铃薯，而且吃起来不厌其多。

对工作严肃认真、一丝不苟是德国人的一大特点。他们在社交场合举止庄重，讲究风

度。这不光体现在穿着打扮上，也体现在言语举止上。与德国人相处，你几乎看不到他们皱眉头等漫不经心的动作，因为这些举动在他们看来是对客人的不尊重，是缺乏教养的表现。他们十分注重生意，通常是基于看到生意的好处才准备谈判的。在他们看来，没有必要在谈生意之前就培养亲密的个人关系，友好的关系通常是在双方谈生意期间建立起来的。德国人工作积极性比较高，一心一意地想着如何提高工作效率。在谈判过程中，德国人思考深刻敏锐、态度明确，一般强调自己方案的可行性，不大愿意向对手做较大让步，有时显得分外固执，毫无讨价还价的余地。

时间观念强是德国人的又一大特点。一旦与德国人约定时间，就宜按时到达，因为在他们眼中，迟到或过早抵达都是不懂礼貌的表现。因此，在商务谈判中，宜先熟悉问题，然后单刀直入。他们视浪费为"罪恶"，讨厌浪费的人，一般人都没有奢侈的习惯。所以与德国人打交道，务必遵守这个习惯，才能与他们保持良好的关系。

德国人比较注重礼仪形式，他们在待人接物上所表现出来的独特风格，往往会给人以深刻的印象。

随着国际间的频繁交往，在德国社交场合与客人见面时，一般行握手礼。与德国人握手时必须注意两点：一是要用右手，伸手动作要大方，且握手时务必坦然地注视着对方；二是握手的时间宜稍长一些，晃动的次数宜稍多一些，握手时所用的力度宜稍大一些。如果对方身份高，则须他先伸手，再与之握手。而与熟人、朋友和亲人相见时，一般行拥抱礼。重视称呼是德国人在人际交往中的一个鲜明特点。一般情况下，切勿直呼德国人的名字，一般仅称其姓即可，或用"先生""女士"等称呼对方。在与客人打交道时，他们更乐于对方称呼他们的头衔，但他们不喜欢听恭维的话。与德国人交谈，切勿疏忽对"您"与"你"这两种人称代词的使用，称"您"表示尊重，称"你"则表示地位平等、关系密切。对德国人称呼不当，通常会令对方大为不快。与德国人交谈时，尽量用德语，或携带译员同往。尽管大多数德国商人会说一些英语，但使用德语会令对方更高兴。

在商务礼仪中，送礼之习非常盛行。应邀到德国人家里做客，最好带点礼品，即使礼物很小，对方也会喜欢。在德国不兴厚礼，一瓶香水、一条领带、一张贺卡、自制的蛋糕等都是送人的最好礼物。但不宜选择刀、剑、剪、餐刀和餐叉，以免所送的礼物伤害彼此之间的友谊。德国人对礼品的包装用纸特别讲究，忌用白色、黑色或咖啡色的包装用纸包装礼品，更不要使用丝带作外包装。去德国人家，鲜花是送给女主人最好的礼物，但必须要单数，一般五朵或七朵即可，不宜选择玫瑰或蔷薇，因为前者表示求爱，后者专用于悼亡。收到礼品后，德国人会马上打开看，并向送礼人表示感谢。

德国人一般不会约在晚上与客人见面，因为在他们看来晚上是和家人团聚的时间。注意圣诞节与复活节前后两周勿上门拜访。

俗话说"入国问禁，入乡随俗"。在德国，人们忌讳"13"，要是13日碰巧又是个星期五，人们会特别小心谨慎。随着国际交往的频繁和普遍，要求商务人士了解并得体运用国际商务礼仪，这样才能友好、真诚地进行交流、沟通和合作。

（四）俄罗斯

在俄罗斯每当贵宾临门时，人们一定会呈上面包和盐来迎接客人以示对客人的尊重和主人的真诚，古代俄罗斯家庭中甚至还有主人以用盐的多少显示慷慨程度的风俗。盐之所以在俄罗斯文化中有如此特殊的地位，是因为在古俄罗斯时代，盐是短缺品，售价极为昂贵，只为少数人所拥有。

俄罗斯人款待客人离不开茶。在17世纪"请来喝茶"这句话就意味着"请来做客"。喝茶在民间交往中起着重要的作用，在那个年代最便宜的茶饮也比一头牛贵，但这并不妨碍中等收入的农民以昂贵的代价把它买进自己的农舍。穷人则往往合资购买便宜的品种，没有茶饮的单身汉只能跑到朋友家，同他们一道分享喝茶的乐趣。在俄罗斯中部，人们喝茶的需求更大，他们甚至可以拒绝去吃一顿丰盛的午餐，而去喝浓郁芳香的茶。茶甚至成了独特的记时标准，大家都明白"早上喝过茶的"或者"喝晚茶前"这样的话语所指的相对时间。

一个有礼貌和有良好习惯的人，在任何公共场合都应遵守礼仪规范，如去影院、展览会等，但在俄罗斯去剧院是要遵守严格的礼仪规则的。在俄罗斯欣赏歌剧、观看芭蕾舞或舞台剧是人们文化生活中不可缺少的一部分。如果在莫斯科被邀请去大剧院看芭蕾舞演出，切记一定要做好充分准备。因为这不同于在中国国内看一场普通的电影，对俄罗斯人来说这也是一项重要的礼节活动。首先服装要合适得体，女士应化一点淡妆。一般来说，每场演出持续时间较长，所以出发前可以吃一点东西。如果是一位男士和一位女伴一起去看戏，那么检票时你应走在前面并出示自己与女伴的戏票。在剧院难免会碰到熟人，可以在休息室与熟人聊天。幕间休息时间可以到休息厅或小吃部转转，如果对演员的表演或演出本身的内容不感兴趣，切不可吹口哨、尖叫、甚至跺脚。在剧院里不可评论演出，终场后男士应送女士回家。俄罗斯人一向把尊重妇女当作衡量一个人素质高、修养好的标志。虽然"女士优先"并不常挂在嘴边，但男士们却很在意自己的一言一行、一举一动是否文明。在妇女面前，他们不仅注意仪表，而且还谈吐文雅、礼貌谦恭。俄罗斯人尊重妇女反映在日常琐事的一举一动之中，久而久之，形成了一种社会所特有的公德和风尚，这种风尚几乎随处可见。例如，在公共场所的出口常常见到男士主动为妇女拉门，公共汽车上为妇女让座，街道拥挤的路边让妇女先行等，体现出整个社会对妇女的关心、爱护和体贴。俄罗斯有不少吸烟者，当妇女在场时，他们吸烟首先要征得她们的同意，获得同意后才可抽烟。尊重妇女的确已成为俄罗斯男人的一种优雅风范。

了解俄罗斯民族生活文化中礼仪的点点滴滴，对增进中俄两国人民的传统友谊、促进两国人民的交往是非常重要的。

（五）葡萄牙

与葡萄牙商人进行贸易往来，应该注意什么问题呢？以下几句话就概括了葡萄牙人社交习俗总的特点：住居欧洲葡萄牙，国民性格多豁达；感情细腻喜开诚，交往不愿心掺杂；话题乐于聊斗牛，人人尊爱石竹花；忌讳"13"和"周五"，认定遇其灾萌发；盯视他人含歹意，违犯必把祸惹下。

葡萄牙的男人相见时热情拥抱并互拍肩膀，相互熟悉的妇女见面时亲吻对方双颊。葡萄牙人惯于社交，在初认识的时候，就会表现出一定的亲密感。与他们相处应重视人际关系。

在葡萄牙从事商业活动，见面或道别时的正式握手是十分重要的。商务谈判时，不宜对他们施加压力，应保守地提出生意条件。葡萄牙商人常常会带你去一些古老、优雅的咖啡厅坐坐，招待殷勤，但是花费并不多。

在葡萄牙随时宜穿着保守、老式的西装。拜访公私单位均必须事先预约，最好的方式是事先写信表明将于何时拜访，待对方回信或回电时才前往。由此可感受到葡萄牙商人的保守、优雅、有礼的气质。葡萄牙人家族感强烈，凡事慢三拍，所以事先应安排好，以适应他们的拖拖拉拉。不过，葡萄牙人是乐于加班的。

葡萄牙人中午12时到下午3时不办公，商务安排不要在这段时间联系工作。葡萄牙人办公之余也进行交际，但是，共进晚餐的机会很少。到了交往较深之后，就变成以家族为单位的交往，气氛也会显得更加热烈。应邀去主人家里吃饭时，不一定非带礼物，可以请接待你的人去饭馆吃顿饭作为回报。

葡萄牙人绝大多数信奉罗马天主教，有少数信奉新教和犹太教。他们忌讳"13"和"星期五"，人们都对其存有恐惧感，认为"13"和"星期五"是厄运和灾难的象征。他们忌讳别人过问他们的年龄、婚姻状况以及他们的经济收入等方面的问题，认为这些都是个人的私事，别人无权干涉。谈话中客人要避免谈论有关政治和政府的问题。合乎礼貌的做法是谈谈家庭生活、葡萄牙的积极方面以及个人的兴趣爱好等。要注意的是，交谈中过分好奇爱问是不礼貌的。

葡萄牙每年10月到次年6月为最宜往访时间，圣诞节前后两周及复活节前后一周不宜前往，而7月至9月葡萄牙人多会外出度假。

（六）西班牙

按照西班牙商人的商业习惯和礼俗，建议谈判方人员随时穿着保守式样西装，内穿白衬衫，打保守式样的领带。

在西班牙，商人和实物不可分离。只要有可能，客人应将产品的样品或者服务项目递送给或者介绍给主人。到西班牙做客的商人，在办公时间以穿黑色皮鞋为宜，不要穿棕色皮鞋。西班牙人喜欢狮子、鹰、花卉、石榴等图案，不喜欢山水、亭台、楼阁式样。

和许多国家一样，西班牙的南方人和北方人也有显著不同。北方人朴实而稳健，南方人则因自古以来从事商业的关系，大多数是地地道道的商人。在现代化的今天，西班牙还保留着阶级制度，如上流阶级的人才能上大学，而一流公司的高层岗位则多为上流阶级的人所占据。因此，较低一级的公司领导人员多是职业学校毕业的中等阶级的人。但他们中的大多数人是从实际工作中训练出来的，因此在经营方面态度非常积极。谈判时，出面磋商的人也具备绝对的决定权，所以商务谈判另一方也必须派遣相当的人员前去洽谈，否则，他们会不予理睬的。

拜访西班牙的公司单位，必须要预约。最好使用有西班牙文、中文对照的名片，这样会给谈判提供方便。在首都马德里及全国最大商业港口和工业中心巴塞罗纳，商人作风颇为贵族化及保守。客人的作风、举止最好也显得保守、讲究正式礼节。商务活动见面和道别时，务必以颔首、握手为礼。

（七）希腊

希腊人十分注意着装整洁，尤其是中老年人更讲究衣着端庄大方。在正式社交场合，男子通常穿深色西装，打领带或系领结。一般来说，希腊的中老年人平时只要外出都要打扮自己，老太太们十分喜欢穿各式颜色鲜艳的服装。

希腊人举止高雅，并有许多讲究。他们不使用招手和摆手的动作，认为这是蔑视人的一种行为，手离对方的脸越近则侮辱性越强。他们还认为久久地凝视别人是不怀好意的表现。当众打喷嚏和用手帕擦鼻涕更是十分忌讳的。

一般来说，希腊人在社交场合与客人相见时以握手为礼，但在许多情况下他们也以拥抱、亲吻来表示自己的友好之情。希腊人在路上与他人相遇时，即便素不相识，也会向对方问候，以示友好。如果道路狭窄，他们总是让对方先行，尤其是对外国人。

到希腊进行商务活动的最佳月份是头年9月至次年5月。圣诞节前后不宜前往。见面时，当地工商界人士通常会递上一杯浓稠的咖啡，对此不宜拒绝。希腊人性格开朗、乐天好客，他们说话好激动，但并无恶意。对方如滔滔不绝地说话，你最好表现出恭敬倾听的神志。

希腊人忌讳"星期五"，认为是不吉祥的；他们不喜欢黑色，也不喜欢猫，尤其厌恶黑猫。到希腊人家中做客，忌过分赞赏某件东西。

（八）意大利

意大利人性格豪放、感情丰富、待人热情、彬彬有礼。意大利人的身份观念较强。在人际交往中，他们对别人的地位、等级十分重视。对于来自家学渊博、历史悠久的家族的人士，他们往往会刮目相看。如果交往对象有值得尊敬的头衔的话，他们必定会再三对此提及,以示重视之意。对于人际关系,他们也很在意。

与他人初次见面时,他们礼数周全,极其客气。在一般情况下,他们大都会以握手礼作为见面礼节,并且会向对方问好。在熟人之间,举手礼、拥抱礼、亲吻礼也比较常用。在社会场合,可称其姓氏或将其与"先生""小姐""夫人"连称。对于关系密切者,方可直呼其名。为了向交往对象表示恭敬之意,意大利人往往会对对方以"您"相称。意大利的格瑟兹诺人碰上熟人、朋友时,往往会向对方行"压帽礼",即以手将帽子拉低,这是对对方重视的一种表示。其做法与欧美常见的"脱帽礼"有着明显的不同。

在商务交往中,意大利企业的决策权大都掌握在总经理手里,其他人员说话未必算数。因此,直接与总经理打交道,可以说是与意大利人做生意的一条捷径。

意大利人的时间观念极为奇特。在外人眼里,他们似乎来去匆匆,却又不很守时,至少在社交活动中是这样的。一般来说,与别人进行约会时,许多意大利人都会晚到几分钟。据说意大利人认为,这既是一种礼节,也是一种风度。

或许是长期受到艺术熏陶的缘故,意大利人重视友谊,善于交际。一旦得到了他们的信任,双方关系就会迅速升温。平时意大利人举止潇洒、天真浪漫、心直口快,喜欢开诚布公,但情绪波动又较大。同德国人相比,他们少了一分刻板;同法国人相比,他们则又多了一些热情。

在交往应酬中,意大利人对自己"古已有之"的礼节非常重视,并且极力主动以本民族优秀的传统来净化社会风气。

四、大洋洲主要国家的商务礼仪与禁忌

(一) 澳大利亚

澳大利亚的人口中95%为英国移民后裔,通用英语,大多数澳大利亚人信奉天主教和基督教。澳大利亚人性格开朗、待人热情、崇尚自由。见面时行握手礼,而且十分热烈。他们彼此以名字相称。澳大利亚人没有传统服装,平时穿着随便。

在商务交往中,他们奉行"人人平等"的信条,遵从"女士优先"的原则。谦恭随和,守时守约。严格区分工作时间和休闲时间,下班绝不谈公事,而澳籍美国移民却喜欢在就餐时间边吃边谈。澳大利亚的饮食习惯与英国差不多,以英式西餐为主,喜食清淡,不喜欢辛辣。

澳大利亚与英国的禁忌基本相仿,忌讳兔子。因此以兔子图案为商标的商品会受到冷落。他们也忌讳数字"13"和"星期五"。

(二) 新西兰

新西兰国民绝大部分是英国移民的后裔,讲英语。新西兰人大多数信奉基督新教和天

主教。新西兰人性格比较拘谨,见面和告别均行握手礼。在与女士交往中女士先伸出手,男方才能相握。鞠躬和昂首也是他们的通用礼节。毛利族人文化方式独具特色,当遇到贵宾时,他们常行与众不同的"碰鼻礼",即双方相互用鼻尖点碰。初次见面,身份相同的人相互称呼姓氏,并加上"先生""夫人""小姐"等尊称,熟识之后,相互直呼其名。新西兰的男女之间交往注重礼貌,观看电影要男女分场。他们崇尚平等,平民可要求高级官员接见,上级对下级态度友好诚恳。新西兰人时间观念较强,约会须事先商定,准时赴约。客人可以提前几分钟到达,以示对主人的尊重。交谈以气候、体育运动、国内外政治、旅游等为话题,避免谈及个人私事、宗教、种族等问题。新西兰人特别喜欢橄榄球和板球。会客一般在办公室里进行。应邀到新西兰人家里做客,可送给男主人一盒巧克力或一瓶威士忌,送给女主人一束鲜花。

新西兰人对服饰比较讲究,平时多穿欧式西装。在商务会谈中,则多穿正式的欧式西装。毛利人则多穿自制的亚麻布服装。新西兰人喜欢狗,珍爱几维鸟,钟爱银蕨。在这里流传的是许多英国人的手势语和示意动作的习俗。他们对大声喧嚷和过分地装腔作势表示不满,当众嚼口香糖或是用牙签也被视为不文明行为。在新西兰,人们忌讳男女同场活动,忌讳谈论种族问题和政治问题。

五、美洲主要国家的商务礼仪与禁忌

(一)美国

美国的特殊发展历史,形成了美国商人外露、自信、热情、坦率和办事利索的深刻特征。美国人擅于交际,不拘泥于正统礼仪。与人相见时常说"嗨!"或点头微笑,但不一定握手。一般也不爱用"先生""太太""小姐"之类的称呼,只有在正式的商务交往中才使用。他们认为对关系较密切的人直呼其名是一种亲切友好的表示,从不以行政职务去称呼别人。

在美国,虽崇尚"女士优先",但没有男女有别的观念。美国人通常不主动送名片给别人,只有双方想保持联系时才送。美国人遵守时间,很少迟到。当着美国人的面如果想吸烟,须先问对方是否介意。美国人平时不大注意穿着,只有在正式的社交场合才讲究打扮。交谈时喜欢与别人保持一定的距离,一般保持在50公分以外。

美国女性日常有化妆的习惯,但不浓妆艳抹,在她们眼里化淡妆是一种需要,同时也表示尊重别人。

在美国等西方诸多国家,都有付小费的习惯,有的叫服务费。在美国付小费被认为是对服务人员提供服务的尊重和酬劳。付小费的方式可根据当地习惯灵活运用,如不必找零钱,或将小费置于茶盘、酒杯下面,或塞到招待员手中等。

美国人注重商品的包装与装潢。包装及装潢新奇的商品,往往能激起他们的购买欲望。

到美国人家里做客必须先用电话约定，事先未预约而登门是不礼貌的。他们每个人的电话利用率极高，不论是购买火车票、戏票，还是看病挂号、入学报名等都要电话预约。

美国人忌讳数字"13"和"星期五"，忌用一根火柴或打火机为三个人连续点烟。美国人很重视隐私，忌讳被别人问及年龄、婚姻及收入等个人私事。

（二）加拿大

加拿大人性格开朗，自由观念强，重实惠。与他们交往不必过于自谦，不然会被误认为虚伪和无能。加拿大人常行握手礼，讲究使用礼貌语言，注重必要的礼仪。他们既有英国人的含蓄，又有法国人的开朗，还有美国人的无拘无束。在商务活动中喜欢在高级饭店或俱乐部宴请客人。在加拿大，人们酷爱枫叶，将其视为友谊的象征。加拿大人时间观念很强，能按时赴约，若因故不能按时到达，一定要打电话通知对方。

加拿大人忌讳数字"13"和"星期五"。日常生活中忌讳白色的百合花，认为白色的百合花表示死亡，只在开追悼会时才使用。在宴席上，喜欢用偶数安排座次，忌讳单数，特别忌讳安排"13"这个席次。将加拿大与美国相比较是加拿大人的一大忌讳。当听到加拿大人自己把加拿大分为讲英语和讲法语的两部分时，切勿发表意见，因为这是加拿大国内民族关系的一个敏感问题。

（三）巴西

巴西人很质朴，性格豪放开朗，心地善良。他们很注重礼貌礼节，且其礼仪非常有特色。巴西人在送礼时，忌讳送手帕，在他们看来，送手帕会引起吵架或不和睦。所以当有人不注意而将手帕作为礼物送给对方时，对方会非常有礼貌地当场交钱，表示自己花钱买下这块手帕，以避免吵架的事情发生。巴西人在接收礼品时，一般会当着送礼人及客人们的面把包装打开，欣赏一下礼品，然后致谢。

巴西人通常以请来客饮咖啡来表达主人的深情厚谊。巴西人会见客人时，请客人喝浓咖啡，而且用很小的杯子一杯一杯地喝。在巴西人家做客时，不要过分称赞他们的东西，否则他极有可能坚持把这东西送给你做礼品。他们特别喜欢兰花，并将兰花尊为国花。他们偏爱蝴蝶，认为蝴蝶是一种吉祥物。巴西的印第安人有一种习俗颇有趣，洗澡和吃饭是他们生活中最重要的内容。若有人到他们家中做客，主人便邀请客人一起跳进河里去洗澡，一次又一次，他们认为洗澡次数越多对客人就越尊重。

六、非洲主要国家的商务礼仪与禁忌

非洲商人以善于经商著称，十分精于商务谈判，既会讨价还价，又能妥协让步。因此，掌握精明的谈判技术，运用灵活的谈判技巧，对于到非洲开辟市场的中国企业家具有非常重要的意义。同非洲人进行经济、贸易、商务谈判时，首先应注意：与非洲企业家进行业务谈判之前，需要摸清对方的业务范围、经济实力、信誉程度等。

在非洲很多地方，吃饭不用桌椅，也不用刀叉，更不用筷子，而是用手抓饭。吃饭时，大家围坐一圈，一个饭盒和一个菜盒放在中间。每个人用左手按住饭盒或菜盒的边沿，用右手的手指抓自己面前的饭和菜，送入口中。此时，你会无所适从，甚至抓得满手粘饭，而非洲人自己抓饭、吃饭时个个动作干净利落。

客人吃饭时应注意的是，切勿将饭菜洒在地上，这是主人所忌讳的。饭毕，长者未离席时，须向长者行礼致谢。客人则应等主人吃完后一道离开。在非洲的不少地方，吃饭时有着严格的礼仪，甚至连牛羊鸡鸭的每个部位归谁都有规定，如在马里，鸡大腿给年长的男人吃；鸡胸脯肉归年长妇女吃；当家的人吃鸡脖、胃和肝；鸡的头、爪和翅膀由孩子们分食。又如在博茨瓦纳，在公众大型宴会上，宾客和男人吃牛肉，已婚的妇女吃杂碎，这两者要分开煮、分开食，不得混淆。

（一）尼日利亚

尼日利亚有很多部落，其习俗与文化传统有很大的差别，所以他们的生活方式也截然不同。尼日利亚人在施礼前，总习惯先用大拇指轻轻地弹一下对方的手掌再行握手礼。尼日利亚豪萨人对亲密的好友，表示亲热的方式不是握手，也不是拥抱，而是彼此用自己的右手使劲拍打对方的右手。尼日利亚豪萨人晚辈见长辈要施礼问安。一般情况下，要双膝稍稍弯曲一下，向前躬一下身子。平民见酋长，必须先脱鞋走近酋长，然后跪下致礼问安。在酋长没下命令的情况下是不能随便站起来的。

当地居民中有近半数人信奉伊斯兰教，34.5%信奉基督教，12.3%信奉其他宗教。在谈话中应回避的一个话题就是宗教。

尼日利亚人在交谈中，从不盯视对方，也忌讳对方盯视自己，因为这是不尊重人的举止。他们忌讳左手传递东西或食物，认为左手下贱、肮脏。他们忌讳"13"，认为它是厄运和不吉祥的象征。尼日利亚伊博人对来访客人若迟迟不端出柯拉果，就是表示拒客，识相的客人就该赶紧告辞，免得发生不快。已婚妇女最忌讳吃鸡蛋，她们认为吃了鸡蛋就不会生育，因为它的外形似"零"（0）。尼日利亚伊萨人认为食指是不祥之物，无论谁用食指指向自己，都是一种挑衅的举动。若是有人伸出并张开五指对着自己，更是粗暴侮辱的手势，相当于辱骂祖宗，这些都是令尼日利亚伊萨人不能容忍的。尼日利亚信奉伊斯兰教的人禁食猪肉和使用猪制品。

（二）南非

南非的社交礼仪可以概括为"黑白分明"与"英式为主"。所谓"黑白分明"，是指受到种族、宗教、习俗的制约，南非的黑人和白人所遵从的社交礼仪不同。所谓"英式为主"，是指在很长一段历史时期内，白人掌握南非政权，白人的社交礼仪特别是英国式社交礼仪广泛流行于南非社会。

在社交场合，南非人普遍采用的见面礼是握手礼，对交往对象的称呼主要是"先生""小姐"或"夫人"。在黑人部落中，尤其是广大农村，南非黑人往往会表现出与社会主流不同的风格。例如，他们习惯用鸵鸟毛或孔雀毛馈赠贵宾，客人此刻得体的做法是将这些珍贵的羽毛插在自己的帽子或头发上。南非黑人非常敬仰自己的祖先，他们特别忌讳外人对自己的祖先言行失敬。

在南非，黑人受西方文化的影响，经常穿着西装。在正式场合他们都讲究着装端庄、严谨。进行官方交往或商务交往时，最好穿式样保守、颜色较深的套装或裙装，不然就会被对方视为失礼。此外，南非黑人还有穿着本民族服装的习惯，不同部落的黑人，在穿着上往往会有自己不同的特色。

跟南非人交谈，有四个话题不宜涉及：一是不为白人评功摆好；二是不评论不同黑人部落或派别之间的关系及矛盾；三是不非议黑人的古老习惯；四是不要为对方生了男孩表示祝贺。

（三）埃及

埃及人的交往礼仪既有民族传统的习俗，又通行西方人的做法，上层人士更倾向于欧美礼仪。埃及人见面时异常热情，一般情况下，见到不太熟悉的人，先致穆斯林通行的问候语（直译为"和平降于你"，意为"你好"）。如果是老朋友，特别是久别重逢，则拥抱并行贴面礼，即用右手扶住对方的左肩，左手搂住对方腰部，先左后右，各贴一次或多次。而且还会连珠炮似地发出一串问候语"你好吧？""你怎么样？""你近来可好？"等。

在埃及，社交聚会举办时间比较晚，晚宴一般要到晚上十点半或更晚些才开始。如应邀去吃饭，可以带些鲜花或巧克力作为礼品。埃及人很欢迎外国人的访问，并引以为荣，但异性拜访是禁止的。和埃及人相处，可选择与埃及的进步和成就、埃及的古代文明有关的话题。埃及商人时间观念比较差，很少能按照所约定的时间行事。

埃及人将"葱"视为真理的象征，当进行诉讼或争论时，如把一束大葱高高举起，则表示真理在手、胜利在望。

埃及男子大多穿白袍，妇女衣服花色品种较多，但禁止穿短、薄、透、露的服装。在埃及，几乎所有的工作都需要付小费，但数目通常不大。

埃及人一般遵守伊斯兰教教义，忌食猪肉，忌讳饮酒。吃饭时要用右手，不能用左手。在送给别人礼物或是接受别人礼物时，要用双手或者右手。埃及人讨厌打哈欠，认为打哈欠是魔鬼在作祟。谈话时忌谈中东政治情况。埃及人忌讳缝衣针，在埃及，到下午5点之后，商人绝不卖针，人们也不买针。埃及人喜欢绿色、白色，忌讳黑色与蓝色。禁穿有星星图案的衣服，有星星图案的包装纸也不受欢迎。埃及人禁忌"13"，认为它是消极的。

【练兵场】

请运用本模块所学知识，以小组为单位模拟并表演接待外宾，外宾来源国家任选。

班级：　　　　学号后两位：

序号	项目	满分	得分
1	道具及环境布置	20	
2	衣着	10	
3	容貌（发型、化妆）	10	
4	姿态	10	
5	表情	10	
6	谈吐	10	
7	专业知识运用	20	
8	时间控制	10	
	合计	100	

注：考评满分为100分，60分以下不及格，60~69分及格，70~79分中等，80~89分良好，90分以上优秀。

参考文献

[1] 杨秀丽. 商务礼仪 [M]. 上海：上海财经大学出版社, 2015.

[2] 刘民英. 商务礼仪 [M]. 上海：复旦大学出版社有限公司, 2014.

[3] 孙玲, 江美丽. 商务礼仪实务与操作（第三版）[M]. 北京：对外经济贸易大学出版社, 2017.

[4] 赖红清, 周书云. 新编商务礼仪与实训教程 [M]. 武汉：华中科技大学出版社, 2012.

[5] 张晓艳. 商务礼仪 [M]. 银川：宁夏人民教育出版社, 2016.

[6] 蔡杰. 实用礼仪教程 [M]. 长春：东北师范大学出版社, 2009.

[7] 赖建明, 项国清. 现代礼仪规范教程 [M]. 北京：中国商业出版社, 2009.

[8] 王颖, 王慧. 商务礼仪 [M]. 大连：大连理工大学出版社, 2008.

[9] 韦克俭. 现代礼仪教程 [M]. 北京：清华大学出版社, 2006.

[10] 梁兆民, 张永华. 现代实用礼仪教程 [M]. 西安：西北工业大学出版社, 2010.

[11] 董明. 商务礼仪 [M]. 杭州：浙江大学出版社, 2012.

[12] 金正昆. 涉外礼仪教程 [M]. 北京：中国人民大学出版社, 1999.